세상 모든 엄마에게

세상 모든 엄마에게

초판 발행 2023년 5월 12일 초판 1쇄

지은이 김정국
펴낸곳 헤르몬하우스
펴낸이 최영민
인쇄제작 미래피앤피

주소 경기도 파주시 신촌로 16
전화 031-8071-0088
팩스 031-942-8688
전자우편 hermonh@naver.com
등록일자 2015년 03월 27일
등록번호 제406-2015-31호

ISBN 979-11-92520-44-5 (03190)

- 정가는 뒤표지에 있습니다.
- 헤르몬하우스는 피앤피북의 임프린트입니다.

- 파본 및 낙장은 구입하신 서점에서 교환하여 드립니다.

세 자녀를 서울대에 보낸 엄마는 어떻게 아이들을 키웠을까?

세상 모든 엄마에게

김정국 지음

서울대 인문대 졸 하버드 종신교수, 서울대 법대 졸 판사,
서울대 치대 졸 치과의사를 키운 엄마의 감성교육법

HERMONHOUSE

프롤로그

참 많이 꿈꾸었다. 보물찾기처럼 꿈 찾는 놀이를 했지만, 그 꿈이 뭔지 알 수 없었다. 결혼하여 세 아이를 낳아 기르면서 꿈 찾기 대신 서툴고 힘든 엄마 놀이를 시작했다. 그 놀이는 규칙도 기술도 힘에서도 내가 제일이니까 ….

아이들이 어릴 땐 언제나 내가 대장이었다. 규칙도 내 기분에 따라 달라졌고, 기술은 내가 받았고 배웠던 수준을 넘을 수 없었다. 내 마음대로 휘두른 힘은 큰아이가 사춘기를 넘기기 전까지 계속되었다.

아이들이 자라서 연처럼 날아갈 때, 비로소 내 삶을 돌아보았다. 거기에는 연 날릴 때 썼던 빈 얼레가 망연자실 서 있었다. 이젠 더 날릴 연이 없는 얼레는 집에서 '중년기의 우울'을 노래하기보다는 밝은 태양이 있는 상아탑을 선택했다.

큰 딸아이가 대학 3학년일 때 나는 교육심리를 전공하는 대학원생이 되었다. 자녀교육에 힘들어하는 부모들에게 도움을 줄 수 있는 교육상담을 해주고 싶은 마음에서였다. 하지만 누구를 상담해주기보다는 상담을 통하여 언제나 도움받는 것은 나 자신이었다. 뒤늦게 공부하면서 여러 집단에서 만난 사람들은 저마다 가슴 한편에 부모로부터 받은 상처들을 유산처럼 안고 있었다. 그들을 보면서 얼마나 부모의 역할이 중요한지를 생생하게 전달하고픈 마음이 솟구쳤다.

자격이 없는 의사를 돌팔이라고 한다. 돌팔이에게는 우리의 소중한 몸과 마음을 맡기지 않는다. 우리는 부모 됨에 있어 어떤 자격증도 요구받지 않는다. 그런데도 자녀들은 돌팔이인 엄마 아빠를 믿고 이 세상에 기꺼이 와 주었다. 참으로 소중하고 귀한 존재들이다.

이 글은 2002년에 KBS Korea.net에 게재했던 글이다. 그 당시에는 책을 내고 싶은 마음이 없었다. 그리고 지금 다시 읽어보면 생각도 아주 짧았다. 아들이 모래놀이 치료를 하고 완전히 치료가 끝난 것도 아닌데 상태가 조금 나아졌다고 착각하고 '아들 논산 유학 보내고'라는 글에 이제 엄마 역할을 마감한다고 써놓은 나 자신의 글에 경악했다. 자식들이 성장하는데 끝을 얘기하다니…, 그래서 뭔가 켕기는 게 있으니 책 출간이 싫었나 보다.

아이들이 성장하는 데는 끝이라는 것은 없다. 그런데 통념상 좋은 대학에 들어가면 그것으로 그 사람의 인생이 평탄 대로를 걸을 것처럼 생각하고 부러워한다. 그리고 그 부모는 꽃마차를 타고 꽃길만 걸을 것이라고 착각한다. 그러나 한 사람에게 다 몰아주는 그런 일은 없다. 인생이 그렇게 호락호락하지 않다.

나의 아이들 셋은 모두 서울 대학교를 졸업했다. 물론 합격했을 때의 기쁨도 컸다. 그중 삼수 끝에 서울대에 들어간 아들의 합격은 만감이 교차하는 순간이었다. 그러나 아들이 원하는 학과를 들어간 것이 아니었기 때문에 여러 가지 문제에 부딪히며 살아왔다.

어쩌면 책을 출간하기에 아직 해결되지 않은 그런 일들이 나를 움츠리게 했을 수도 있다는 생각이 든다. 그러나 이제는 있는 그대로를 이야기할 수 있다. 이런 상황은 사실이고 현실 속에서 계속 겪고 있는 일이기 때문이다. 그래야 나와 같은 고민을 하는 부모들에게 조금이라도 도움이 되지 않을까 싶다.

혹자는 스스로 진로를 결정해서 어릴 때부터 그 길을 가기 위해 노력하는 사람들도 있고, 반면 자신이 뭘 원하는지 몰라 부모가 원하는 길을 가는 사람들도 있다. 그래서 시작되는 갈등과 부적응이 명문대를 나왔다는 자부심을 잊게 할 수도 있으며, 자신을 부정하는 단계에도 이르게 할 수 있다. 나의 아들도 이와 유사한 경우로, 많이 고민했고 힘들었지만, 불혹을 넘긴 나이에 이제라도 스스로 행복해질 수 있는 길을 찾으려 하고 있다. 아직 그 길이 무엇인지 어느 방향인지 모르지만 찾게 되기를, 그래서 진심으로 행복한 삶을 살아가기를 응원한다. 가족들은 기꺼이 놓아줄 마음인 걸 알기에 더욱더 용기를 갖고 자신의 길을 걸어가기를 바란다.

인지발달 이론가인 삐아제(*Jean Piaget*)는 자신의 세 아이를 통해 유아의 인지발달을 관찰 기록하여 후대에 엄청난 족적(足跡)을 남겼다. 나는 그에게 턱없이 부족하지만 내 세 아이의 성장 발달을 통하여 혹여 자녀를 키우면서 어려움을 겪을 수 있는 부모들에게 조금이라도 도움이 됐으면 하는 바람에서 각기 다른 세 아이의 성장기를 엄마의 시선으로 늘어놓았다. 이 책이 아무쪼록 어느 한구석이라도 부모들의 결정에 도움이 되었으면 좋겠다.

추천사

오래전에 교육심리학으로 박사학위를 취득한 김정국 여사께서 세상을 향하여 작심한 발언을 쏟아내었다. 작심 오십 년의 실전경험에 아울러서 이론으로 무장한 자녀교육과 가정교육의 이론과 실제가 복합된 문제가 간결하고도 쉽게 다가온다. 세 아이의 '엄마'가 '세상의 엄마들'과 공유하기 위해서 만들어낸 책이다.

줏대도 없고 철학도 없고 정권 따라 이념의 하수인으로 전락한 교육 제도하에서 만들어진 뒤죽박죽의 대학입시로 인하여, 저자는 세 아이를 양육하며 여섯 번의 수능을 치렀다. 그리고 끝내 '서울대라는 집안 환경'을 구축하였고, 주변의 찬사가 무색할 정도로 자녀들은 각 분야에서 국내외로 특출한 재능을 발휘하고 있다. 소위 자녀교육은 누구에게도 부럽지 않은 결과를 만들어낸 '엄마'가 겪은 성공담의 이면에 가려진 야멸찬 이야기들이 전개된다.

대학입시로 전쟁을 벌이고 있는 가정에서는 누구나 공감할 수밖에 없는 토막 난 이야기들이 하나의 덩어리로 엮어지는 이면에는 저자의 교육심리학적 이론이 버팀목으로 작용하고 있다. 세 자녀를 모두 서울대 보낸 엄마가 아이들을 꿰뚫어 본 결과, "너무 날뛰지만, 마음 따뜻한 호기심 천국 큰아이(ENFP), 차분하고 정확한 우리집 판사(부부싸움 할 때) 둘째 아이(ISTJ), 샤이 보이(Shy boy) 마음 여린 막내(ISFP)…〈본문 중〉"라는 결론을 내린다. 이것이 이론과 실제가 융합된 자녀교육의 글쓰기라는 점에 공감된다. 흔히 저지르기 쉬운 '이론 따로 실제 따로'가 아니고, 양자가 한 덩어리로 엮어지는 글쓰기는 양자 사이를 이동하는 저자의 '줌' 동작과 같은 솜씨의 결과라고 생각된다.

모래놀이 치료실을 운영하고, 분류심사원에서 소년원 아이들의 교육에 관한 실제 경험을 통하여 "아이들에게 진심으로 필요한 것은 따뜻한 관심, 그리고 사랑이 담긴 대화…〈본문 중〉"라고 말하는 저자의 객관적 세상 바라보기는 부모 자식 간에도 작동하는 에스노센트리즘을 지적한다. 인류학을 공부하는 내가 평생 읊조리고 다녔던 이야기는 저자의 관찰력 속에서도 한 치의 오차 없이 등장한다.

우리는 다른 사람의 관점을 이해하지 못하기 때문에 모든 사람이 자신과 똑같이 생각한다고 믿는 자기중심적 사고를 하게 된다. 인류학적 사고의 원천인 상대성의 문제다. 나는 평소에 아내로부터 이론만 내세우지 말고 실천을 좀 하라는 핀잔을 들으며 살아왔다. 초고 상태의 이 책을 읽으면서 나는 끊임없이 나의 모습을 대조하는 경험을 하였다. 그리고 고개를 떨굴 수밖에 없었다. '나는 어떤 부모 노릇을 하고 있나?' '나는 어떤 엄마이고 아빠인가'를 점검하는 기회를 얻었다.

"내 자녀는 쭉 뻗어 길이 난 고속도로가 아니고 이제 자신의 길을 닦고 만들어 가는 아직은 미완성의 도로다…〈본문 중〉"

큰딸아이 어릴 때는 도시락 싸는 일이 즐거웠다는 '엄

마의 향기'가 세상 엄마들에게 공유되고도 남음이 있을 것이다. 그 향기가 함성 되어 세상의 모든 엄마가 엄마의 향기로 좋은 세상 만들기가 성사될 수 있기를 기대해 본다.

한 가정의 내밀한 이야기들을 소재로 타인과 공유한다는 점도 그리 쉽지 않은 결정이었을 텐데, 이러한 과정의 이야기를 세상 사람들과 공유할 수 있도록 배려한 저자 가족분들의 용기에도 찬사를 보낸다. 가족은 사회의 기본단위라고 하였다. 나는 저자의 가족이 표류하는 자녀교육으로 골머리를 앓고 있는 이 사회의 등댓불이 될 수 있다는 자신감에 기대어서 졸고를 썼다. 가급적 저자의 본문에 충실하자는 의미에서 따옴표를 사용하여 본문을 부분적으로 인용하였음을 이해하여 주기 바란다.

서울대학교 인류학과 전경수 명예교수

〈UN미래보고서〉는 2030년까지 약 20억 개의 직업이 소멸할 것이다. 사물 인터넷, 클라우드, 첨단 로봇, 무인 자동차, 차세대 유전자 기술, 3D 프린팅, 자원탐사기술, 신재생 에너지, 나노기술 등으로 인해 멋진 신세계가 예상된. 그러나 모든 것은 양면이 있다. 발전에 비해 충격적인 소식은 앞으로 체외 수정, 복제기술의 발달과 인공자궁의 활용으로 인해 어머니와 아버지가 사라질 것이라고 한다.

그러나 아직은 아니다. 여전히 부모가 필요하고 자녀교육도 중요하다. 〈黃金百萬兩, 不如一教子〉(황금 백만 량보다 자식 하나 잘 기르는 게 낫다.)를 지지한다. 나는 近墨者黑(근묵자흑), 近朱者赤(근주자적)을 믿고 있다. 동양에선 맹자 어머니의 孟母三遷之教(맹모삼천지교). 아홉 번이

나 장원급제한 이율곡을 길러낸 사임당 신 씨, 서예의 대가 한석봉을 길러낸 어머니가 계시고 서양에선 아우구스티누스를 길러낸 모니카, 존 웨슬리를 길러낸 수잔나, 링컨 대통령을 길러낸 낸시가 있으며, 성경에는 사무엘을 길러낸 모범 어머니 한나가 있다. 성공한 남자 뒤에는 반드시 두 여인(賢母良妻)이 있다. 하나님이 직접 모든 사람을 돌볼 수가 없어서 대신 어머니를 보내주셨다고 한다.

파우스트 하버드대 총장은 "교육은 인간을 목수로 만드는 것이 아니고 목수를 인간으로 만드는 것"이라 했으며, 교육철학자 J. Locke는 교육의 5대 내용으로 ① 건강 ② 문제 해결력 ③ 창의력 ④ 결단력 ⑤ 지식을 제시했다. 고대 그리스에선 眞(학문), 善(도덕), 美(예술)를 합한 聖(종교)을 강조했고 현대에는 知(창의/IQ), 情(열의/EQ), 意(성의/MQ)의 균형을 강조한다. 이런 원리를 구체적으로 실현한 사례가 여기 있다.

한 가정에서 3남매(1남 2녀)를 낳아 곱게 길러 장녀는 하버드대 교수, 차녀는 판사, 장남은 치과 의사로 길러낸 가정이 있다. 모두 서울대에서 공부했다. 나는 한남대 총장 재직 때 교육심리를 전공한 김정국 박사에게 교육학 강의를 부탁드리면서 3남매를 곱게 길러 명문대에 입학시키고 세계적으로 봉사하는 전문가로 길러낸 자녀 교육 과정을 그대로 전해달라고 부탁했었다. 그런데 지금 그 대답으로서 〈세상 모든 엄마에게〉란 책이 출간되었다. 존경하는 모든 분과 함께 가까이 두고 읽으면서 우리 자녀와 손자들 교육의 지침으로 삼고 싶다. 진심으로 감사하고 축하드린다.

한남대 14-15대 총장 김형태 교수

김정국 박사. 고맙게도 '고도원의 아침편지'의 오랜 독자이시다. 어느덧 20년이 넘는 인연이 되었고, 오래전에 바이칼 명상 여행을 함께 떠났다. '겨울의 심장'을 찾아가는 여행이었다. 영하 40도 바이칼 호수, 그 가장 깊은 곳 얼음 위에서 명상했다.

그때 나에게는 고민이 있었다. '깊은 산속 옹달샘'이란 이름의 명상치유센터 꿈을 꾸고 그 꿈을 과연 현실로 만들어 갈 수 있을까 하는 걱정이었다. 땅도 돈도 사람도 없는 상황에서 그야말로 '맨땅에 헤딩'하는 꿈이었다. 사람들이 '엉뚱하다', '황당하다', 심지어는 '맛이 갔다'는 말도 했다. 그런 형편을 여행 동행자분들께 일부 토로하는 기회가 있었다.

여행에서 돌아왔을 때 김정국 님이 거액을 선뜻 기부

했다. 돈을 많이 가진 사람은 아니었지만 "좋은 꿈을 이루라."며 마음을 보태주었다. 백만원군과도 같은 '퍼스트 무버'(*First Mover*)가 되어 주셨다. 그 뜻을 기려서 옹달샘에는 '김정국 김정수의 동그라미집'이 만들어졌다. 그 기부가 마중물이 되어 깊은 산속 옹달샘이 어느덧 세계적인 명상센터로 발돋움하게 되었다.

더없이 감사한 분이 근래 책을 출간하게 되었다는 소식을 들었다. 무엇보다도 반가웠다. 특히 반가운 것은 자녀들의 교육에 대한 철학과 경험을 나누는 내용이었다는 점이다. 워낙 오래된 인연이기 때문에 이분의 가족에 대해 조금은 안다. 아침편지 독자들 사이에서는 '1남 2녀, 세 자녀를 모두 S대에 입학시킨 박사님'으로도 통한다. 굳이 S대라 할 것도 없겠다. 큰딸은 서울대 고고미술사학과를 졸업하고 지금은 미국 하버드대 종신교수로 재직하고 있으며, 둘째 딸은 서울대 법대를 나와 현재 판사로 있고, 막내아들은 서울대 치대를 졸업해 같은 치과 의사인 아버지와 같이 병원을 운영하고 있다.

김정국 님은 공부를 강조하지 않은 대신 아이들이 가장 관심 있어하는 부분을 함께 놀아준다. 같이 놀면서 아이들의 각기 다른 재능과 적성을 알아내고 '아이들의 마음'을 알아주려 노력했다. 그리고 마침내 세 자녀의 적성에 맞게, 각각의 재능에 맞게 길렀다.

저자가 무엇보다 중요하게 생각한 것은 '공부 인지'보다 '감성 인지'였다. 감성적인 것, 정서적인 부분에 자극을 주려 노력했다. 그래서 예술의 전당, 세종문화회관을 수없이 다니며 음악회를 보고 영화를 보고 문화생활을 함께 했다. 막내아들은 치과의사이면서도 상당한 수준의 피아노 연주가 이기도 하다. 그 연주회에 나도 가본 적이 있는데, 그 실력이 놀라웠다.

이 책에 담긴 핵심 메시지는 '남이 한다고 따라서 미리 공부시키지 말라'는 것이다. 이른바 '선행 교육'에 빠지지 말라는 것으로, 이 책에는 '빨리 걸었다고 더 잘 걷는 것은 아니다.'라는 구절이 있다. 맞다! 교육도 바로 그렇다는 것이 김정국 박사의 지론이다. 따라서 아이들의 발달 과정에 맞게 자극하고 스스로 공부하게 하는 것이 가장 좋다.

나는 이미 자녀 교육을 마친 사람이다. 이제는 손주 교육에 관심을 갖고 있다. 자녀를 키울 때는 놓쳤지만 손주 교육 때는 놓치지 말아야겠다는 마음으로 '깊은 산속 링컨학교'를 만들고, BDS(*Beyond Dream Scholars*)라는 국제대안학교를 만들었다. '사회적 아버지', '사회적 할아버지'가 되는 심정으로 만든 것이다. 그러고 보니 김정국 박사도 이제 세 자녀 범위를 넘어 '사회적 할머니'의 역할을 자임하신 것이 아닌가 여겨진다.

오늘도 오매불망 자녀 교육에 힘쓰는 이 땅의 어머니 아버지에게, 그리고 나처럼 손주 교육에 관심과 애정을 가진 이 땅의 할머니, 할아버지에게 이 책을 권하고 싶다. 큰 도움이 되리라고 믿는다.

아침편지 문화재단 고도원 이사장

어머니는 외적·내적으로 세 남매에게 각각 적합한 맞춤식 교육을 위해 항상 노력하셨다. 한 뱃속에서 나왔지만, 너무 달랐던 우리 세 남매의 개성과 능력을 어떻게 일찌감치 파악하셨는지 참으로 감사하다. 우리가 무엇인가를 잘하면 잘하는 대로, 못하면 못 하는 대로 스스로 동기부여가 되어서 하고자 할 때까지 항상 믿고 기다리며, 각자의 능력과 적성을 발견하고 이를 잘 살릴 수 있도록 지지해주셨다. 요즘처럼 부모교육, 자녀교육 프로그램을 어디서나 쉽게 접할 수 있는 시대가 아니었음을 고려해 보면 정말 신기할 따름이다.

학창시절 학교 시험이나 각종 경시대회, 음악대회 등에서 수없이 우수한 성적을 거두었던 나지만, 살아오면서 단 한 번도 어머니로부터 '1등을 해야 한다'거나 '남들보다 잘해야 한다'는 말을 들어본 적이 없다. 같은 맥락에서, 어머니는 내가 학업으로든 음악으로든 좋은 결과를 거두었을 때 나를 결코 '우쭐하는' 사람으로 만들지 않으셨다. 초등학교 저학년 때 어머니께서 해주신 말씀을 아직도 기억한다. 학교 시험이나 대회 등에서 좋은 성적을 거두더라도 항상 겸손한 마음, 감사한 마음으로 다른 친구들의 마음을 헤아리고 돌아보라는 말씀이었다. 감싸 안아야 할 대상에는 남동생도 포함되었다. 어렸지만 조숙했던 나는 용케도 어머니의 말씀을 이해했던 것 같다.

나의 성장 과정에서 빼놓을 수 없는 한 가지는 바로 어머니께서 틈날 때마다 우리가 자연을 접할 수 있도록 이끌어주셨다는 점이다. 이 부분에는 아버지의 지원도 적지 않았다. 부모님의 지론은 '자연 속에서 동·식물을 벗 삼아 사는 기쁨'을 알아야 한다는 것이었다. 지금도 어린 시절을 떠올리면, 주말마다 교외로 나가 삼 남매가 흙에서 뛰놀며 잠자리를 잡고, 냇물에서 수영하고 송사리를 잡았던 추억들로 흐뭇해진다.

또한, 어머니는 내가 사법시험 공부로 심신이 지쳐 있을 때 나의 고시촌 작은 방에 여러 개의 화분으로 나만의 작은 정원을 만들어 주셨다. 일과 중 화초에 정성 들여 물을 주고 대화하는 시간은 나의 지친 마음을 달래고 심적 평온을 유지하는 데에 큰 도움이 되었다. 물론 어머니께서 제공해주신 스트레스 해소 방법 또한 맞춤형으로 우리 삼 남매 사이에서도 각기 달랐기에 나의 언니나 동생은 또 다른 기억을 소중하게 간직하고 있을지 모른다. 이러한 어머니의 교육과 지원을 통해 나는 자연의 아름다움과 소중함을, 자연과 소통하는 기쁨을 스스로 깨닫고 느끼게 되었다.

어머니의 교육방식은 어머니께서 우리에게 주신 큰 선물이다. 두 아이의 엄마가 된 나는 육아의 어려움에 부딪힐 때 어머니께 받은 그 선물을 열어 해결의 열쇠를 찾곤 한다. 육아 관련 서적과 프로그램이 넘쳐나는 요즘이지만, 이 세상 많은 아이 한 사람 한 사람이 각자 다른 색을 지닌 고유한 인격체인 만큼 어느 한두 가지 방식이 정답일 수는 없다. 모쪼록 이 책을 통해 독자분들 역시 육아에 필요한 열쇠를 하나 더 갖게 될 수 있기를 바란다.

둘째 딸 (판사)

차례

Part 1

믿어주는 만큼

수험생 어머니께_하나

아들이 고3이었던 어느 날. 책상에 앉아 공부하는 아들을 두고 남편이 잠자고 있는 방에서 영화(데드맨워킹)를 보았다. 그런데 12시가 넘어 자려고 하니까 그 영화의 잔영들이 어른거려 도저히 잘 수가 없었다. 입가심용으로 영화(룸메이트) 한 편을 더 봐야 잘 수가 있을 것 같아서 책상에 앉아만 있지 공부가 되지 않을(어떻게 보면 졸고 있었을) 아들을 불렀다. 영화 보자는 말에 아들의 졸린 두 눈이 반짝였다.

초저녁부터 자던 남편이 새벽 2시쯤 부스스 눈을 뜨더니 말했다.

"니, 돌았나? 지금이 몇 신데, 아(아들) 잠 안 재우고 영화고!? 고3 아들 잠 안 재우고 한밤중에 데려다 영화 보는 엄마는 세상에 니밖에 없을 끼다."(아들과 서로 잠깐 쳐다보다 바삐 영화 속으로…)

고3 아들을 데리고 다정하게 영화를 감상하고 있는 나에게 한마디하고는 금방 잠에 빠졌다.

다음 날 아침, 남편에게 또 한 번 잔소리를 듣고 나서는 슬며시 걱정되었다. 그러잖아도 공부에 편식이 심한 아들이 흥미 없거나 좋아하지 않는 과목은 아예 자거나 자리만 지킨다고 했는데…. '이거 큰일 났다. 오늘은 온종일 학교에서 자다 오겠구나' 싶은 생각이 들자 저녁에 남편에게 한 소리 들을 각오를 해야 했다.

학교에서 아들을 올 때까지, 종일 자다가 흘렸을 육수(?)를 생각하면 기가 막혔다. 큰딸아이 경험까지 생각났기 때문이다. 큰아이 고등학교 때 선생님 말씀이다.

"○○고의 살아있는 전설입니다. 뒤에서 보면 자는지

아닌지 분간이 안 됩니다. 그냥 앉아서도 어쩜 그렇게 잘 잘 수 있는지…."

그때 상황을 딸에게 물었다.

"엄마가 잘 알잖아, 나 한 번 졸리면 침 흘리고 자는 거."

큰딸은 무용담처럼 갖가지 졸았던 에피소드를 읊었다. 한 번은 자고 일어났는데 뒤에서 친구가 "진아야, 오늘은 안 닦니?" 그래서 딸아이는 오늘은 안 흘린 줄 알았단다. 그런데 너무 과하게 자서 이미 다 흘러내려 사전 케이스에 저장되어 있었다는 경험까지….

그날 저녁에 아들은, "엄마, 이상하게 오늘은 하나도 안 졸리데요."

마음속으로 탄성을 질렀다. '오! 하나님 이게 웬 조화입니까?' 정말 뛸 듯이 기뻤다. 공부에 대한 스트레스로 지쳐 있는 뇌에 활력을 불어넣어 준 것 같았다. 능률도 성적도 오르지 않는 공부 하느라 매너리즘에 빠져있었을 아들에게는 그 밤의 일탈 행동이 청량제이자 종합비타민의 역할을 해주었던 것 같다. 아들도 모처럼 맑은 정신에 공부할 수 있었다고 했다.

청소년 자녀를 둔 세상의 모든 부모에게 물어보고 싶다. 당신에게도 새벽부터 밤까지 쉬지 않고 공부만 하라면 그 일이 정말 신나고 살맛 나게 느껴지겠는가? 가끔은 아이들에게 그들이 정말로 좋아할 수 있는 일을, 평소에 잘 해볼 수 없었던 일을 경험하게 하는 것도 유익하다. 창의력은 아이들에게만 필요한 것이 아니다. 사소한 것에서도 아이들이 충분히 기뻐할 수 있는 그런 일을 만들 수 있는 발상의 전환이 필요하다.

마음속의 자

누구나 마음속에 자기만의 자(尺)를 가지고 있다.

한 치의 오차도 허용치 않는 숨 막히는 자.

자기 기분에 따라 바뀌어 자녀가 신뢰하지 않는 자.

자로서 구실을 못 하므로 자녀에게 끌려다니는 자.

자신이 어떤 자인지 모르면서 질책만 하는 자.

상황에 따라 융통성 있게 잴 수 있는 고무줄 자.

당신은 어떤 자를 가진 부모인가요?

똑같은 상황도 부모가 어떻게 지각하느냐에 따라 화가 나서 야단을 치거나 비난하는 말을 하기도 하고 대수

롭지 않은 일로 넘어갈 수 있다. 이렇게 부모의 자(尺)에 따라 아이를 두려움에 떨게도 하고 때론 문제아로 만들지만, 스스로 돌아볼 수 있는 계기를 만들어 주기도 한다.

아들이 중1 때 일이다. 나의 아들은 스스로 공부를 해본 적이 별로 없었다. 중간고사, 기말고사를 본다고 말해본 적이 없고, 항상 아들 친구의 엄마를 통해서 시험소식을 듣다 보니 공부는 언제나 엄마와 함께 벼락치기를 했다. 더는 이렇게 하면 안 되겠다고 생각하여 1학년 마지막 시험을 그냥 내버려 두었다. 역시 그냥 공부를 안 해버린 아들. 성적이 총점 150여 점(?), 평균 13점 하락. 담임선생님께 전화했다. 성적이 크게 떨어진 데 대한 책임 같은 것을 느낄 수 있도록 혼내달라고 부탁했다.

2월 어느 날 학교에 가려던 아들 녀석이 말했다.

"엄마 여름 체육복 바지 좀 주세요."

"아니, 이 겨울에 여름 체육복이 왜 필요하니?"

"아, 네…. 저, 완충작용을 좀 할까 해서요."

순간 섬광처럼 담임 선생님께 부탁했던 일이 떠올랐다. 그리고 아들 엉덩이 쪽을 쳐다보니 이미 뒤뚱거리는 오리 궁둥이!!! 두껍게 끼어 입고 학교 갔는데, 타이밍을 맞추지 못했나 보다.

며칠이 지나서 보니 엉덩이를 엄청나게 맞아서 제대로 앉지도 못하고 있었다. 그 시험 결과 이후 바로 다음 시험이 있었다면 모를까, 애꿎은 아들 궁둥이만 늘씬하게 터지게 만든 꼴이 되었다.

아무튼, 자신이 왜 공부해야 하는가에 대한 답을 스스로 찾을 때까지 참으로 오래 기다려야 했다. 한마디로 철드는 데 오래 걸렸다.

중학교 2학년이 되었을 때, 성적표를 가지고 왔다. 좋아하는 과목과 싫어하는 과목의 성적이 천국과 지옥을 오르내리고 있었다. 그런데 이게 웬일이야? 웬만큼 상위권을 유지했던 아들의 성적표에 국사 48점이라고 쓰여 있었다(물론 100점 만점에). 그런 성적에도 상 받아 온 것처럼 당당하게 성적표를 내밀고 간 아들 녀석을 불러

세웠다.

“아들아, 이번에는 국사가 50점 만점이냐?”

“깔깔깔… 역시 엄마는…”

다음 달 국사 성적을 만점 받았던 것 같다.

야단치거나 매를 드는 것이 한 번은 효과가 있을지 모르지만, 계속되면 잔소리가 되고 매에 대한 내성이 생기면서 아이의 내면에는 분노가 쌓이게 된다. 어쩌면 그렇게 쌓인 분노가 공격성으로 표출될 수도 있다. 불행한 일이다. 자녀가 어렸을 때는 가능할 수도 있었겠지만, 사춘기를 지나면서 엄마와 힘이 팽팽하게 맞섬을 느낄 것이다. 자연스러운 현상이니 엄마에게 반항한다고 생각하면 안 된다. 그 모습 그대로 인정해주고 마음을 읽어 주어야 한다. 누르거나 이기려고 하면 항상 끊임없이 이기고 지는 게임이 계속된다.

대화가 필요하다. 그동안 자녀와의 대화 방법이 효과가 없었다면 과감히 바꿔야 한다. 겉으로 말씨만 부드

럽게 한다고 자신의 말하는 방법이 변화되었다고 생각하면 오산이다. 내용이 중요하다. 심각하기보다는 가볍고 재미있는 유머를 사용해 보자. 작은 차이가 큰 행복을 가져다준다.

땅에는 인삼 바다엔 해삼 집엔 고삼

고3까지의 과정을 치러내다 보면 부모는 매우 힘들다. 부담도 되고, 이제 고3이 되니 뭔가 특별한 부모 역할을 해야만 될 것 같아서 지금까지 했던 모든 일을 접고 고3 아이에게만 관심을 집중하려고 할 수 있다. 특히 첫 아이가 고3인 어머니는 어떻게 해야 잘 하는 것일까? 더 고민하게 되고 초조하며 불안하다. 지극히 당연한 일이다.

하지만 부모가 지금보다 더 특별히 뭔가를 해야 한다는 생각에서 벗어나야 한다. 예를 들면, 계속하던 모임을 애가 고3이라 잠깐 쉰다든지, 남편이나 가족과의 관계가 소홀해진다든지, 자신의 취미 생활을 접는다든지

하는 등의 생활 모습은 바람직하지 않다.

아이가 고3이 되면 오히려 시간이 더 많아진다. 따라서 엄마가 여유롭고 활기에 넘쳐야 아이의 처진 어깨를 받쳐 줄 수 있다. 아이가 지쳐 돌아올 때, 아이의 마음을 보듬어 주고 "많이 힘들지." 하면서 어깨를 두드려 주거나 살며시 안아줄 수 있어야 한다.

마음의 여유를 갖는 것이 중요하다. 물론 마음대로 되는 일은 아니다. 그렇다고 종일 아이의 공부를 어떻게 하면 더 잘할 수 있게 시킬 것인가를 생각하고, 성적 때문에 걱정하는 것은 엄마나 아이 모두의 정서에 도움이 되지 않는다. 자신의 꿋꿋한 의지로 밀어붙이는 아이도 있지만, 칭찬과 격려가 추진력이 되어 공부하는 아이도 있다. 그런 아이에게 중요한 것은 먼저 마음 밭을 잘 가꾸어 주는 일이다. 사실 공부는 아이가 하는 것이고 엄마가 대신해 줄 수 없다. 그 부분은 오히려 엄마보다 아이가 전문가이다. 아이를 믿어야 한다.

내 아들의 고3 생활은 남들 하는 것처럼 했다. 학교

끝나면 차에 태워서 간식 먹이고 바로 독서실로 직행했다가 밤 12시경 데리고 오는…, 지금 생각해보면 참 미련한 짓이었다는 생각이 든다. 노는 것 좋아하는 아이가 무슨 낙이 있었을까 생각하면 잔인했다는 생각마저 든다.

그래도 학교가 가까워서 남들보다는 잠을 더 자고 배탈 나지 않은 이상 학교에 조금 늦을지라도 아침밥은 굶은 적이 없었다. 아들이 고3이 되자 집안에 변화가 생겼다. 농업국가형인(수면 스타일) 아빠는 아침 일찍 일어나니까 아들의 아침 식사와 도시락을 챙겨주었다.

모처럼 아들과 아빠와의 관계도 돈독해졌다.

처음에는 어색하다가 나중에는 그런 남편이 고마웠다. 그래서 일찍 일어나는 남편은 아침을, 올빼미인 나는 밤을 책임지는 역할 분담을 하게 되었다. 참으로 아빠는 열심히 했다. 두 딸에게는 못 해봤던 경험을 곁에 있는 아들에게 한다는 사실이 무척 뿌듯했나 보다.

아들에겐 오히려 너무 먹인 것이 화근이 되었다. 아침에 식사와 영양제, 인삼 물, 과일, 야쿠르트 등등 계속 이런 식사를 하다가 시험 보기 이틀 전, 파이팅을 위해 선물로 받은 찹쌀떡을 하나 먹고 체했다. 한 마디로 너무 먹어서 짜구가 난 것이다. 토하고 설사하고 열나고… 병원에서 링거를 맞고 누워있다가 시험 보러 갔다.

설사에 대한 불안 때문에 시험을 잘 볼 리 없었다. 그렇게 자신의 예언대로 아파서 시험을 망치고 재수의 길을 가야 했다.

학기 초, 시험 보기 이틀 전에 혹시 아프면 어떡하나 걱정했던 아들의 한마디는 적중했다. 이왕이면 좋은 씨앗을 뿌리는 말 한마디 했으면 좋지 않겠냐고 했지만, 아들은 우연의 일치로 돌렸다.

재수를 시작할 때 또 한마디 했다.

"엄마, 누나들은 다 제때 척척 들어갔으니까, 나는 누나 몫까지 삼세번은 해야 맞는 거 아냐?"

야유, 신통방통하기도 하지. 자기 말대로 척척.

수험생 어머니께_둘

아들이 삼수하게 되었을 때, 밤 깊은 시각에 이야기 좀 하자고 했다. 아들은 이 집안에 자신만 없으면 아무 걱정이 없을 거라며 죽었으면 좋겠다고 했다. 가슴이 '윽' 하는 소리를 냈지만 태연한 척 말했다.

"너 정말 죽고 싶을 만큼 힘이 드는구나."

"예, 정말 살고 싶지 않아요. 죽으면 모든 걸 다 잊고 편안해질 것 같아요."

"엄마는 네가 편한 대로 해주고 싶다. 죽는 게 지금보다 너에게 도움이 된다면 그렇게 해라."

내가 놀란 만큼 아들에게 표현하고 매달리는 건 별로 도움이 되지 않는다는 판단에서였다. 그때 가슴은 떨리고 머리는 한 방 얻어맞은 것 같았는데, 번쩍 하나의 생각이 떠올랐다. 그 당시 내가 〈혼불〉이라는 책을 읽고 있었는데, "엄마는 책 보는 게 그렇게 재밌어요? 나도 그 책 좀 봐도 돼요?" 아들이 그 책을 두어 권 봤을 때였다.

"엄마도 안 죽어봐서 지금 네가 죽으면 더 편안해질지는 잘 모르겠다. 너도 〈혼불〉 봤잖아. 거기 보면 제명에 죽지 못하고 스스로 목숨을 끊은 영혼들이 구천을 떠돈다는 걸 보면 정말 네가 말한 대로 죽으면 다 편안하고 행복할지는 모르겠어. 그런데, 엄마가 말할 수 있는 건 그래도 지금은 떠돌지 않아도 되는 쉴 집과 너를 예뻐하는 누나들과 도와줄 엄마, 아빠는 있잖아?"

그 외에도 여러 이야기를 나누었다. 마음이 여린 아들이 겁이 나는지 푹 숙이고 있던 고개를 번쩍 들었다.

"엄마 앞으로 죽는다는 소리는 안 할게요. 대신 공부는 안 할 거예요!!!"

"고맙다. 아들아! 그런데 있잖아, 네가 굉장히 힘이 있는 사람이라는 거 너 어떻게 생각하니?"

"??????…"

"지금까지 네가 말한 대로 다 됐잖아. 입시 첫해 아플 거라는 얘기, 둘째 해 삼세번은 해야 한다는 얘기, 그러니까 앞으로는 이왕이면 나는 '서울대학 갈 사람이야.' 이런 씨앗을 뿌려보면 어떨까? 너도 너한테 그런 강력한 힘이 있는 줄 몰랐지? 넌 참 대단한 능력을 갖추고 있으면서 항상 못하고 안 된다는 너의 생각이 네 발목을 붙잡는 것 같아. 그리고 자신이 어떤 사람인지 정확하게 알지 못하는 것도 자신에게 죄짓는 일이야."

"알겠어요, 엄마. 다음부턴 그런 얘기 안 할게요."

그래도 습관인지라 자신에 대한 부정적인 말이 계속되었지만, 그때마다 눈이 마주치면 말꼬리를 긍정적인 방향으로 돌렸다.

욕심이 아닌, 진정한 마음을 담아서 하는 말에는 힘이 있다. 그 힘이 아이를 살린다. 올 한 해 성적은 올랐다 내렸다 할 것이다. 그럴 때마다 나는 어떻게 대처할 것인가 미리 생각해야 한다. 언제나 올라가는 성적. 마르지 않은 벽돌 위에 또 벽돌을 쌓는 일이다. 시험 날 그 벽돌이 무너진다면 그보다 억울한 일이 어디 있겠는가?

다른 아이의 성적이 오르는 것에 민감하게 반응하거나 세상 끝난 듯이 한숨 쉬며 절망하지 말고, 그 아이가 어떤 과외를 하고 얼마큼 공부하는지를 비교하지 말아야 한다. 내 아이는 그 아이가 아니다.

자기 방식대로 공부하게 도와줘야 한다. 다른 어머니의 말에 현혹되거나 동요하지 말고 내 자식을 엄마만큼 잘 아는 사람이 없다는 것을 알고 믿어 줘야 한다. 믿는 만큼 자녀들은 해낸다.

내 자식 잘되게 해 달라고 기도하는 것은 역으로 말하면, 다른 아이를 물리쳐 달라는 얘기도 성립한다. 무심(無

心)해야 한다. 아니면 차라리 다른 아이가 잘할 때, 진심으로 기뻐해 줄 수 있는 용기를 달라고 기도해보자.

흔히 공부시켜도 성화를 부려도 되지 않을 때 포기한다는 말을, 마음을 비웠다고 표현한다. 진심으로 마음을 비운 게 아니므로 절대 편안하지 않다. 여유를 갖도록 노력하기는 쉽지 않은 일이기 때문이다. 아이가 힘에 부쳐 지쳐 있을 때 엄마는 즉시 공급해 줄 수 있는 에너지 충전소 같은 것이어야 한다. 엄마가 여유롭고 편안해야 그 일을 감당하고 수행할 수 있는 에너지가 솟아난다. 언제나 마음이 건강한 어머니가 되길 바란다.

옴마야! 정말 다행이다~

아들이 삼수했던 그해 1월부터 자기 말대로 놀기 시작했다. 새벽에 일어나 아빠와 테니스를 치고 오후에는 피아노 연주를 했다.

"아들, 너마저 떠났으면 우리 집이 실버타운 될 뻔했는데 아들이 옆에 있으니 라이브로 피아노 연주도 듣고 이보다 좋을 수가 없어"

사실이었다. 지금 생각해도 아들이 대학에 못 가고 삼수로 놀고 있는데 엄마인 나는 왜 아무런 걱정이 안 됐는지…. 아들이 즐겁고 행복해하는 모습이 마냥 좋았다.

불합격 소식과 공부를 안 한다는 아들의 선언을 들었지만, 혹시 학원 간다고 하면…? 그래서 집에서 차로 5분 거리에 있는 학원에 등록해 두었다. 학원에 안 와도 할 수 없지만, 혹시 온다면 받아달라는 부탁과 함께.

100일 넘게 놀던 아들이 4월 중순 어느 날 이런 말을 했다.

"이제 놀기도 좀 지겹네, 공부나 할까?"

"그래? 이제 지겨워?"

대화는 이걸로 끝이었다. 또 며칠이 지나니 다시 공부하고 싶단다.

"그래? 그럼 어떻게 하면 좋을까?"

"…"

그렇게 이틀인가 지나니까 학원에 다니고 싶단다. 그리고 그해 1월 합격자 발표부터 놀다가 5.2일에 드디어 학원 입장!! 그래도 치대 지망생이라 그런지 그 성적에 반 장학금을 받았다. 아들 생애 첫 장학금을 그 학원에서 받은 것이다. 말은 안 해도 상당히 기분 좋아 보였다. 다음 시험에 또 반 장학금을 받더니 이젠 욕심을 냈다. 반 장학금이 아니라 전체 장학금을 받아야겠다는 것이다. 말릴 이유가 없질 않은가 공부를 더 열심히 하겠다는데….

욕심을 내서 열심히 공부한 결과 쭈~욱~ 미끄럼을 탔고, 또 난리가 났다. 자기는 공부하면 안 된다느니…. 지금까지 해왔던 타령을 한참 읊어댔다.

"옴마야!! 정말 다행이다~~. 있잖아, 이 시험이 수능 시험이 아니어서 얼마나 다행이야. 성적 계속 올리다가 수능 날에 이렇게 떨어졌으면 어쩔 뻔했어. 너~무 다행이고 정말 감사하다."

엄마가 또 무슨 소릴 하나 하고 의아한 표정으로 나를 바라보았다.

"아들~, 집을 지을 때 벽돌을 쌓고 시멘트를 바르고 또 벽돌을 쌓잖아. 그런데 오늘 많이 쌓을 수 있다고 욕심 내서 마르지 않은 시멘트 위에 계속 벽돌을 쌓으면 기초가 약해져 한 번 치면 한 방에 훅 갈 수 있어."

네가 전 장학금 받겠다고 욕심을 낸 건 이와 다르지 않다고 말했다. 그리고 다음 시험에는 원래대로 회복되어 반 장학금을 받는 정도의 수준이 되었고, 그다음 시험은 수능이었다.

세 번째 수능 보던 날

수능시험 보기 전날 밤, 도시락에 초콜릿을 넣을 건데 누가 준 초콜릿을 넣어주냐고 물으니 망설이지 않고 작은누나가 준 거로 넣어 달란다. 아침에 도시락을 싸면서 작은 통에 초콜릿을 넣고 간단한 메모를 써서 같이 넣었다.

시험이 끝나고 차에 탔지만, 여느 때와 같이 아무 말이 없었다. '할 말이 있으면 하겠지'라는 생각으로 수고 많았다는 말만 했다. 어릴 때부터 시험 끝나고 왔을 때 잘 봤는지는 묻지 않았다. 잘 봤으면 물어보지 않아도 스스로 얘기를 했다. 못 봤으니까 말을 하지 않는 것인데 그걸

졸라서 억지로 들을 필요가 없질 않은가.

"엄마, 나 오늘 시험보다 뛰쳐나올 뻔했어요."

"엥? 이게 무슨 소리래?"

수학은 만점을 받아야 한다고 생각했는데, 수학 한 문제가 안 풀려서 '나는 끝났다', '내가 무슨 공부냐.' 이런 식으로 타령을 또 했나 보다. 그런데 도시락에 있는 작은 통을 여는 순간 엄마가 적어놓은 글을 보고 웃음이 나오면서 그런 생각이 사라졌다고 한다. 잔뜩 속상하고 긴장하고 있다가 피식 웃으니 긴장이 사라졌다고 했다.

그때 편지에는 숫자 3이 갖는 의미와 나와 아들이 즐겼던 놀이(?)를 적어 주었다. 스스로 생각해도 웃음이 나왔던 모양이다. 얼마나 다행한 일이었는지. 시험 안 보고 포기했다면..., 생각만 해도 아찔했다.

드디어 수능 성적이 나오고 우리 가족은 모두 입이 다물어지지 않았다. 완전 대박을 터트렸기 때문이다. 한 번도 받아보지 못했던 성적이 나왔다. 400점 만점에 370 이하의 성적만 받다가 390이 넘는 전국 0.4%의 수준이었다.

삼수하는 동안 한 번도 상위 3%에 든 적이 없어서 특차전형(예전엔 그런 전설 같은 전형이 있었다)에 원서를 내 본 적이 없었다.

누나가 졸업한 고등학교 선생님은 '이제 셋 다 서울대'라며 반겼지만, 나는 서울대 가는 게 그리 중요하지 않았다. 고생한 아들의 마음이 더 중요했기 때문에 어느 학교에 원서를 내고 싶냐고 물었다.

"엄마, 저는 지금까지 한 번도 특차를 내 본 적이 없어요. 그래서 특차에 원서를 내고 싶어요."

애들 셋을 서울대 보내는 것이 내 목적도, 할 일도 아니었기에 주변의 만류를 뿌리치고 연세대에 특차 원서를 냈다. "아니 이 시골 모친이 뭘 몰라도 너무 모르시네~. 가만있으면 애들 셋 다 서울대 갈 건데 왜 특차를 내세요!

그 성적이면 당근 붙죠. 에구~~." 물론 안타까워서 하신 말씀이다. 그러나 나는 아들의 소원을 들어주고 싶었다. 그러나 불합격!

하지만, 가, 나, 다, 라 군에 아빠가 원하는 치대란 치대에 모조리 원서를 넣었고 모두 합격했다. 자신이 말하는 대로 이루어진 세 번의 수능시험! 속상했고 힘들었고 얼떨떨했다. 이왕이면 '나는 서울대 갈 사람이다'라고 말하면 좋지 않냐고 했지만, 자신감이 없었던 아들은 처음엔 그 말을 입에 올리질 못했다. 나중에 몇 번 반복하니까 아주 작은 목소리로 '나는 서울대 갈 사람이다.'라고 말했다.

그러나 우리는 안다. 서울대 갈 성적이 아니라는 것을 …. 그래서 꿈도 꿔보지 않았다. 그런데 말의 힘이라는 게 놀라웠다. 누군가의 노래처럼 말하는 대로 된 것이다. 하지만 서울대에 합격했다는 것이 모든 일의 끝이 아니었음을 지금까지도 경험하고 있다. 대학 합격은 또 다른 준비를 위한 시작일 뿐이었다.

이 새끼, 학원에서 쫓겨난 주제에

집마다 보면, 자녀의 성격이 너무 달라서 고민하는 경우가 많다. 그럴 땐 언제나 반듯하고 자기 일 척척 알아서 잘하는 아이가 엄마의 기준이고 자랑거리가 되고 이와 다른 아이는 상대적으로 치이게 된다.

'우리 아이 둘을 섞어 놓으면 얼마나 좋을까, 어쩜 달라도 저렇게 다를까?' 이 말은 주로 상반된 성격의 자녀를 둔 엄마의 넋두리다. 그래도 둘이 다른 건 다행이다. 세 아이 모두 너무 다르니까 보통 힘든 게 아니었다.

주로 혼나는 건 호기심 많고 천방지축인 큰아이. 나름대로 사랑을 쏟기는 했지만, MBTI(*Myers-Brigg Type*

Indicator)를 공부하기 전까지는 여자애가 차분하지 못하다고, 너무 덤벙댄다고, 반듯한 둘째 아이를 기준으로 많이 혼냈다. 각자 자신이 가지고 태어난 선천적인 성향이 있는데, 그렇게 낳아놓고 인정하지 못한 무식한 엄마였다.

너무 날뛰지만, 마음 따뜻한 호기심 천국 큰아이(ENFP), 차분하고 정확한 우리 집 판사(부부싸움 할 때) 둘째(ISTJ), 샤이 보이(shy boy) 마음 여린 막내(ISFP). 막내는 내향적이며 수동적이어서 손들고 발표하는 일 없고 먹는 것과 컴퓨터 게임 외는 좋아하는 게 하나도 없었다. 어디에 초점을 맞춰야 할지 몰랐다. 공부하면서 아이들을 진심으로 이해하게 되었다. 각기 다른 아이들을 반듯한 하나의 자로만 재려고 했다는 것을.

큰아이는 재미없는 일엔 집중하지 못한다. 초등학교 저학년 땐 수업 시간에도 재미없으면 일어서서 돌아다닌 아이였다. 그런 아이를 내가 만든 틀에, 교육 제도가 요구하는 공식에 맞추려고 했다. 얼마나 창의적인 아이였는가를 생각하면 더 키워주지 못한 것이 아쉬워진다.

큰딸은 ENFP인데도 자신이 INTP라고 주장했다. 내가 아니라고 해도 막무가내로 우겼다가 결혼한 뒤 어느 날 말했다.

"엄마 나 절대 T 아니고 F 맞아."

사위는 INTJ인데 대화하면서 절실히 느꼈다고 고백했다. 요즘 TV에서 재미로 MBTI 얘기를 많이 하는데, 대부분은 제대로 검사가 이루어지지 않은 경우가 많다. MBTI는 그렇게 마음대로 하는 검사가 아니다.

항상 계획적이고 정리정돈 잘하는 아이가 되지 않는다고 야단쳤던 일, 많이 후회했다. 사과를 좋아하는 아이에게 배를 좋아하라고, 빨간색인 아이에게 파란색이 되라고 야단치는 꼴이 되었다. 딸아이의 모습 그대로 인정해주고 지지해줬으면 좋았을 것을. 다 큰 딸아이에게 엄마가 몰라서 그랬다고, 정말 미안했다고 사과했다. 다른 가정에서도 큰아이를 양육할 때는 시행착오를 많이 했을 거로 생각한다.

둘째는 언제나 믿음이 가고 자기 일은 빈틈없이 하는 아이였다. 그런 누나를 둔 막내는 언제나 불만이었다. 같이 TV를 보다가도 “아들아, 숙제해야지.” 마지못해 일어나지만, 아직도 TV를 보고 있는 작은누나가 부럽기 짝이 없었다. 책상에 앉아 숙제를 시작하려면 꾸물대는 시간이 숙제하는 시간보다 더 걸린다. 둘째는 보고 싶은 TV 다 보고 들어가 얼른 숙제를 끝내고 나와도, 아들은 아직 숙제가 다 끝나지 않은 상태로 TV가 궁금해서 나온다.

“누나는 아직도 TV 보는데, 왜 나만 숙제하라고….”

할 일을 제때 하지 않는 아들이 답답했지만, 한편으론 측은했다. 누나와 비교하지 않았는데도, 스스로 열등감의 늪에 빠지고 있었다. ‘너도 뭔가 잘하는 게 있다’라는 것을 심어주고 싶어 각종 경연대회를 나가게 했지만,

입상을 해도 아들의 대답은 '잘하는 애가 없어서' '재수가 좋아서'였다. 어떤 입상 경험도 소용없었다. 언제나 둘째는 아들의 경쟁 상대이자 에베레스트였다. 아득한 봉우리였다. 스스로 자신을 인정할 수 있을 때까지, 아들의 열등감을 털어버릴 때까지는 정말 오랜 기다림이 필요했다.

중학교 1학년 말쯤, 학원을 두 달째 다니고 있었는데 아무래도 학원보다는 개인으로 공부하는 것이 더 낫겠다는 학원 선생님의 전화를 받았다. 가방만 메고 와서 가만히 앉았다 가기 때문에 수업에 방해되지는 않아 돈은 벌 수 있지만, 미안해서 그냥 있을 수가 없다고 정중한 사의를, 말하자면 권고사퇴(?) 뭐 그런 거였다. 알겠다고 하고 일주일 만에 만나는(큰아이가 서울서 고등학교에 다니고 있어서: 고3 말) 아들을 기다리면서 어떻게 말해야 할지 걱정했다.

"아들아, 많이 힘들어 보이네."

"아니, 엄마. 하나도 안 힘든데요."

힘든 게 하나도 없겠죠. 숙제하는 일 없이 몸만 학원 버스 타고 왔다 갔다 했으니…. 그리고 아이들과 게임 정보 얻고 이야기하는 재미로 다녔으니 말이죠.

"엄마가 오랜만에 보니까 학원 다니는 게 많이 힘든지 얼굴이 안 좋아 보여서."

"으응, 아닌데, 하나도 안 힘든데."

"아니야, 네가 몰라서 그렇지, 엄마가 보니까 아주 피곤해 보여. 그러니까 당분간 집에서 좀 쉬는 게 좋겠어."

"그래요? 그럼 그럴까?"

말 떨어지기가 무섭게 컴퓨터 앞으로 가서 열심히 뽕뽕이(*컴퓨터 게임*)를 했다. 뽕뽕이 삼 일째, 모처럼 일찍 들어온 아빠가 현관에 들어서자마자 큰 소리로 말했다.

"이 새끼, 학원에서 쫓겨난 주제에…."

하느님 맙소사, 이게 웬 날벼락입니까? 남편에게 눈짓으로 사인을 줬지만, 이미 엎질러진 물이었다. "알 건 알아야지, 언제까지 숨길 거야!!" 매사에 적극적이고 직선적인 아빠는 그런 아들을 이해할 수 없었다.

"머스마가 저래서 어따 쓰노."

우리 가족도 서로를 이해할 수 없어 힘들어한 적이 많았다. 서로 달라서 발생하는 일들을 슬기롭게 풀어갈 방법을 몰랐기 때문이다. 이젠 서로가 자신을 깊이 있게 이해하고 상대의 처지에서 생각하고 말할 수 있도록 노력하고 있다.

자신과 다르다고 비난하거나 함부로 대하면 안 된다. 아이들은 각자 고유한 성향을 보인다. 아이의 모습 그대로 인정해주고 이해해 줘야 한다. 그리고 비교하지 말아야 한다. 어떤 아이도 그 아이 나름으로 잘하는 게 있다. 부모의 척도에 따라 재고 평가하여 가차 없이 싹을 자르지 말고, 못 한 일은 못 했다고 야단치고 혼내기보다 칭찬거리도 안 되는 그 사소함에 칭찬을 아끼지 말아야 한다. 칭찬하는 내 기분도 덩달아 좋아진다. 내 아들의 열등감을 벗기는 것은 북풍이 아니라 따스한 햇볕이다.

C,G. Jung의 심리 유형론에 의하면,
인간의 행동을, 어떻게 지각하고, 판단하느냐에 따라 감각(S), 직관(N), 사고(T), 감정형(F)으로 나누고 이것은 다시 외향(E), 내향형(I)에 따라 달라진다고 보고 있다.
이러한 이론을 바탕으로 자신과 타인에 대한 이해를 돕기 위해 실생활에 쓸 수 있도록 만들어진 도구가 MBTI이다.

위에 제시한 지표로 구성된 한 사람의 성격유형은 부

모 자식이라고 해서 반드시 똑같지는 않다. 나는 MBTI를 통하여 나를 이해하고 남편과 아이들을 이해하게 되었다. 물론 MBTI 검사가 모든 것을 해결해주지는 않는다. 그러나 나와 자녀의 성향을 알고 이해하면 때로는 문제 해결에 도움을 받을 수도 있다.

거리로 뛰쳐나간 아이

잠깐 본 연속극에서 어느 아빠가, "도대체 누굴 닮은 거야?"라며 자신과 다른 성향의 아이에게 역정을 내는 모습을 볼 수 있었다. 우리는 아이가 뭔가를 잘하면 새끼 발가락이라도 자신과 닮았음을 확인하고 싶어 하지만, 잘하지 못하거나 자신의 마음에 들지 않을 때는 서로 상대의 집안 탓을 하다 부부싸움으로 발전되기도 한다.

외향적인 부모는 자신과 반대되는 성격유형의 자녀를 느리고 제대로 표현하지 않아서 무슨 생각을 하는지 모르겠다며 가슴을 치며 답답해하지만, 내향적인 자녀는 그런 부모를 말 많고 시끄러우며 나서기 좋아한다고 싫어한다.

신중하고 반듯하여 매사에 정확하고 빈틈없는 부모는 덜렁대고 놀기 좋아하며 제때 자기 일을 하지 않는 자녀를 이해하기는커녕 문제시한다. 하지만 그 자녀는 재미없고 따지기 좋아하고 칭찬에 인색한 부모로부터 자꾸만 도망가려고 한다.

몇 년 전에 상담했던 엄마와 딸(중학교 2학년)이 있었다. 성격유형검사를 했을 때, 두 모녀는 정반대 유형이었다. 엄마는 자로 잰 듯이 정확하고 반듯하게 생활하는 것이 더 편안하고 자신에게 맞는 타입이기 때문에 딸아이가 학교생활에 잘 적응하지 못하는 것을 이해할 수 없었다. "그냥 학교 가서 시키는 대로 하고 가만히 앉아 있다 오는 걸 왜 못해." 그 엄마의 주장이다.

딸아이는 엄마와는 완전히 달라서 정해진 틀에 맞추어 계획에 따라 생활하는 것이 엄마처럼 쉽지 않은 아이였다. 호기심 많고 자유분방하고 재미없는 상황을 견딘다는 것이 쉽지 않은 아이에게 엄마는 많은 것을 간섭하고 제약해 온 것이다.

엄마를 위해 설거지하고 칭찬을 기다렸지만, 지금껏 한 번도 칭찬받은 일 없고 오히려 다른 집 아이는 어쩐다는 식의 비교와, 당연한 일이라고 얘기하는 부정적인 피드백만이 아이에게 돌아올 때 엄마와는 얘기하고 싶지도 않아서 친구들과 더 어울리게 되었다고 했다.

가출했었던 이 아이는 많이 힘들어하면서도 새로운 시작을 하고 싶어 했다. 처음에는 표정도 어둡고 소극적인 자세였으나 웃는 모습이 정말 예쁘다고 칭찬해주니 금방 활짝 웃는 그런 아이였다. 엄마에게 물었더니, 아이의 웃는 모습이 예쁘지만, 그냥 혼자 속으로 생각만 했지 한 번도 표현하지 않았다며, 그걸 꼭 말로 표현해야 하느냐고 반문해 왔다.

아이에게 혼자 얘기할 기회(엄마가 잠깐 나가고)를 만들어주자 자신의 마음을 토로하기 시작했다. 엄마에게 할 말이 있어도 엄마가 연속극을 본다거나 피곤하다는 이유로 거부되었고, 아이는 장래 희망이 뮤지컬 배우가 되는 것인데 엄마는 절대 허락하지 않으며, 그냥 공부만 하란다는 것이었다.

자신은 공부에는 흥미가 없고 노래를 잘하기 때문에 무용을 배워서 뮤지컬 배우가 되고 싶다는 포부를 갖고 있는데 무용학원을 보내주지 않는 엄마와 많은 갈등을 겪었다고 했다. 그렇다면 네가 엄마를 위해 할 수 있는 일이 무엇이냐고 물었더니, 거의 매일 밤중에야 집에 들어가던 아이가 "학교 끝나고 일주일에 5일은 집에 일찍 들어갈게요."라고 했다. 갑자기 거의 날마다 일찍 들어간다는 것은 무리한 계획이고 하루라도 지킬 수 없을 땐 '나는 어쩔 수 없어'라는 좌절감과 자포자기하는 마음이 되기 쉬우므로 "그래, 그렇게 해. 그런데 나하고는 일주일에 딱 하루만 약속하자."라고 말해주었다.

아이가 쉽게 지킬 수 있는 약속을 하고 서서히 횟수나 양을 조금씩 늘려나가는 것이 뭔가를 했다는 성취감을 맛볼 수 있게 하기 때문이다. 아이와는 수요일 하루만 4

시까지 집에 들어가기로 약속하고 적성을 확인하기 위하여 진로 탐색 검사도 함께했다. 그리고 다음 주 다시 만났을 때, 아이는 고개를 떨구고 울고 있었다.

"저 정말 열심히 했어요. 수요일 말고 다른 날도 일찍 들어갔어요. 선생님 말씀 듣고 이제부터 잘해보려고 도서관에도 가고 안 하던 숙제도 했어요. 그런데 엄마가 나를 못 믿고 여기저기 전화하고 찾아와서 확인하는 거예요. 화가 나서 못 하겠어요."

지난주에도 상담실을 나갈 때, 문 앞에서 제 손을 꽉 잡더니, "선생님하고는 일주일에 한 번 약속했지만 매일 일찍 들어와야 해!"라고 했다는 것이다.

아이의 진로 적성 결과가 나와서 연락했더니 그날 이후로 다시 가출했다는 이야기에, 지금도 가슴이 아프다. 서로의 다름을 조금만 이해하려고 했다면 이런 불행한 일은 없었을 것이다.

누구를 위하여 종을 울리나?

사람이 살면서 크게 세 번 변한다고 한다. 처음이 사춘기인데, 이때는 자신보다는 주변 사람들을 괴롭힌다. 다음은 중년기, 이 시기는 남들은 모르는데 자신만 힘들고 괴롭다. 마지막은 역시 죽을 때. 죽을 때 철나면 미워할 수도 미워하지 않을 수도 없는 묘한 뭐… 그런 거.

사춘기의 자녀를 둔 분들은 대체로 두 번째 변화 시기인 중년기에 있는 분들로 중년의 위기를 경험하게 된다. 자신도 힘든데 노부모 모시랴, 이제 사람 되려고 용트림하는 자식 돌보랴, 그야말로 샌드위치가 된다. 아마 이 두 시기를 맞물리게 한 것도 자연의 섭리가 아닌가 생각한다. 왜냐하면 자신(부모)의 인격이 원만해지기 위한 알람을 그 사춘기 자녀가 울려주기 때문이다.

지금까지는 내가 가진 에너지로, 내 방식대로 자식을 잘 키울 수 있었다. 이것은 부모 스스로 자신에게 익숙한 기능들만 사용해 왔기 때문에 배가 기울듯이 한쪽으로 많이 기울었다는 것을 의미한다. 그러나 이제는 한쪽으로 기울어진 채 살 수 없는 때가 왔다는 것을, 자녀를 통해 알게 되는 오묘함이 숨겨져 있다. 조성모란 가수의 이런 노래가 있다.

"내 속엔 내가 너무도 많아~~"

의미가 조금은 다르겠지만 나의 마음 깊은 곳에서 '저장된 에너지가 있으니 이제는 찾아 쓰시오.'라는 메일을 보내온 것이다. 즉 사춘기 자녀를 통해 자각의 종을 울린 것이다.

어쨌든, 중년기의 부모는 이제 자녀를 보면 예전과 너

무 다르고 대하기가 힘들어진다. 재가 전에는 안 그랬는데, 친구를 잘못 만나서라든가? 외부의 어떤 상황을 탓하고 싶어 한다. 또 자신이 잘못 키웠나 후회하게도 된다. 다 맞다. 내적인 변화에 외적인 자극이 영향을 미친 결과이니까. 아이가 성장해 가고 있다는 증거로서 인정해야 하며, 힘들지만 받아들여야 편안해진다. 언제나 업고 지고 다니면서 괴로워하기보다는 내려놓아야 한다.

사춘기를 맞는 자녀는 생리적, 심리적으로 급격한 변화를 겪게 되면서 자신을 감당하기 힘들어진다. 에릭슨이 말한 '나는 누구인가?', '나는 무엇을 하며 어떻게 살아야 하는가?' 등등에 대해 고민하면서 자아 정체감(ego-identity)을 형성해 나간다. 물론 주변을 괴롭히지 않으면서 자신을 찾아가는 아이도 있어 그 당시에는 부모를 행복하게 하겠지만, 그 이후에라도 각각의 시기에 겪었어야 할 일들을 겪게 되어, 무방비 상태였던 부모를 녹다운시킨다.

발달 단계마다 발달 과업이 있듯이 그 시기의 과업은

그 시기에 하는 것이 가장 좋다. 이제, 자신도 모르게 저축해두었던 그 에너지를 사용하여 닭살이 돋더라도 "얘야, 엄마(아빠)는 너를 정말 사랑해." 비록 공부하고 있지 않더라도 "요즘 공부하느라 많이 힘들지."라고 말해보자.

하지 않는 것에 초점을 맞추지 말자. 괜히 방문 열고 들어가, "지금까지 공부 안 하고 뭐 하는 거야."라고 말하는 것보다 훨씬 강력한 힘을 발휘한다. 때로는, 직접적인 상황표현보다는 아이의 힘든 마음을 어루만져 주는 일이 아이를 더 깨어나게 한다. 방안에서 공부하는지 안 하는지에 촉각을 곤두세우고 궁금해하기보다는 부모 스스로 하고 싶은 일을 하도록 한다. 엄마가 하는 일이 없으면 자연히 아이가 공부하는지 안 하는지에 신경이 쓰이고 나름대로 참다가 폭발하게 된다.

"자알~ 논다. 아빠는 돈 버느라고 죽을 고생을 하는데…" 보다는, "아빠는 나름대로 애쓰고 있는데 네가 이렇게(여러 가지 이유) 하니까 아빠가 매우 속상하네."

"내가 학교 다닐 때는 과외가 어딨어. 형편이 어려워

서…" 보다는, "요즘처럼 경쟁도 치열하고, 학교 공부 끝나면 또 학원도 가야 하고 정말 힘들겠다. 나도 지금 학교 다녔으면 너보다 더했을지 몰라."

"네 동생(형) 좀 봐라…" 보다는, "동생(형)하고 비교되어 매우 속상하지! 하지만 너는 이러이러한 것을 잘하잖아."

아이가 잘하는 것이 눈을 씻고 찾아봐도 없다고 말하지 말자. 그건 자신이 눈을 제대로 씻지 않아서 그런 것이다. 능력에 관한 일로 한정하지 말아야 한다. 자녀들은 아직 발휘되지 않은 것이 많은 숨겨진 보물인지도 모른다.

"엄마가 너 때문에 얼마나 힘든 줄 알기나 해?"보다는, "네가 이렇게(이유) 하니까 엄마 마음을 몰라 주는 것 같아서 속상해."

자녀에게 화살을 겨누어 비난하기보다는 내 마음을, 내 감정을 전달해야 한다. 물론 자신의 감정에 일어난 홍수가 다 빠진 다음에….

부모가 생각하기에 옳은 말이라고 같은 말을 계속 반

복하여 아이가 잔소리로 자각하게 하지 말자. 아이의 마음속 좋은 앨범에 얼굴을 남길 수 있는 엄마, 아빠가 되어야 한다. '내 아이가 지금 정상적인 발달을 하느라 힘들구나.' 하는 마음을 갖고 지금까지 해 왔던 잘못된 방법과는 다른 방법을 찾아봐야 한다. 처음이 어렵지 한 번만 해 보면 점점 쉬워진다.

서로 상처를 주고받아 '두고 보자'라고 벼르거나 후회하기보다는, 당연한 과정을 가고 있는데 너무 조급하게 우려를 표명하고 격앙된 감정으로 반응을 나타내기보다는, 조금만 느리게 반응하고 조금은 기다려 줘야 한다. 시대가 달라져서 그렇지, 당신에게도 역시 그런 시절은 있었다.

세 아이가 치른 여섯 번의 수능시험

세 아이를 키우면서 수능시험을 여섯 번 치렀다. 큰딸아이가 두 번, 작은딸 한 번, 막내인 아들 세 번. 아들은 수능시험이 끝나도 오라는 대학이 없으니 삼수했지만, 큰아이는 바뀌는 교육 정책 때문에 수능을 두 번 치른 경우다. 그해에는 30% 적용되던 내신이 40% 상향조정에 본 고사 부활, 수능시험 연 2회 1, 2학기 나누어서 수능시험 보랴, 내신시험 보랴. 정말 해야 할 공부도 많았고 시험도 많았다. 그에 따른 스트레스란….

1, 2학기에 나누어 치른 수능시험에서 거의 모두 성적이 올랐는데 오르지 않은 성적을 받은 우리 모녀의 가

슴 무너졌던 기억.

그때 큰딸은 두 번째 수능시험에서 만회하겠다며 다시 의지를 불태웠다. 절대 재수는 하지 않겠다던 딸과 진학할 학교를 낮추라는 선생님의 말씀에 갈등했던 나는 딸과 진지한 대화를 나누었다.

성적 올리느라 애쓰기보다 차라리 진학할 학교를 바꾸자는 얘기에, 절대 하지 않겠다던 재수도 불사하겠다는 딸아이의 변함없는 소신에 나는 한 가지 제의했었다.

"너, 사탐, 과탐 8과목*(성적이 오르지 않았던)* 공부해서 몇 점 올릴 수 있니?"

"7, 8점은 올릴 수 있어요."

"그렇다면 오늘부터 책상에 있는 수능에 관한 책은 모두 치우고 내신시험 공부하고 본고사 볼 준비하자. 8과목 공부해서 7, 8점 올리는 것보다 본고사에서 한 문제면, 그 점수는 충분히 만회할 수 있어."

최대 7, 8점 올리면 정말 좋겠다는 희망사항이지 그럴 수 있을지 없을지 모르는 시험에 연연할 수 없는 상황이었다. 수능이 끝난 11월 중순 이후에야 본고사를 준비하기에는 모든 것이 역부족이었기 때문이다.

두 마리의 토끼를 잡으려다 모두 놓치기보다는 필요한 한 마리에 에너지를 집중하기로 합의를 보았다.

그날 밤 딸아이의 책상에서, 아니 집에서 모든 수능에 관한 책은 버려졌다. 입시정책이 또 바뀌기 때문이었다. 그리고는 본고사 대비를 했다. 두 번째 수능은 그냥 시험만 보러 갔지만, 성적은 수능 공부를 했을 때인 첫 시험과 거의 비슷하게 나왔다. 수능시험이 끝난 그날 우리 모녀는 비엔나 필의 연주회에 가서 시험으로 인한 스트레스를 나름대로 날려 버렸다. 자칫 잘못되었으면 원망을 들을 수도 있었겠지만, 우리의 작전은 성공했고 딸아이는 자신의 길을 만들어갔다.

한편, 둘째 딸아이는 수능시험을 두어 달 앞두고는 '주말의 명화'가 수능 과목인 것처럼 TV 앞에 붙어 앉아 있었다. 너무 그러니까 좀 심하다 싶은 생각도 들었지만 말해 봤자 잔소리밖에 되지 않을 것 같아서 그냥 같이 앉아 영화를 보았다. 생각보다 성적이 좋지 않았지만, 대학에 진학하는 데는 다행히 별문제가 없었다.

마지막으로 아들은 수능을 보던 첫해, 자신이 했던 예언에 발목이 잡혀, 시험보다 화장실 가게 될까 봐 불안에 떨며 아파서 열에 떨며 시험을 봤다. 얼마나 기막히고 속상했는지…

"엄마, 나 수능시험 보기 한 이틀 전에 아프면 어떡하지?"

시험 잘 보라고 선물로 받은 찹쌀떡을 두 개 먹고 고열에, 설사에…. 시험 보기 이틀 전 밤에 발병해서 수험표 받는 날 병원에서 포도당 주사 맞다가 겨우 수험표 받고 온종일 굶다시피 하면서 치른 첫 수능시험의 기억들.

"누나들은 한 번에 척척 잘 들어갔으니까 우리 집에서

는 내가 삼세번은 해야 공평하겠지?"

계속되는 예언 적중이었다. 그렇게 삼수하고 대학에 들어갔다. 남들은 삼수해서 성적 오르기가 쉽지 않은 일이라고 하지만 특별히 열심히 공부해 본 적 없었던 아들은 그때 처음으로 편안하게 공부라는 걸 해본 것 같다고 고백했다.

재수 시절이 끝나고 모든 걸 포기한 듯한 발언을 하여 간담이 서늘하게도 만들었다. 그리고 4월이 끝날 때까지 아빠와 테니스도 하고, 실컷 잠도 자고, 피아노도 얼마나 즐겁게 쳤던지…. 5월 초부터 학원 다니기 시작하면서 편안한 마음으로 공부를 시작했다.

정해진 시간에 학원을 다녀와 따뜻한 물에 발을 담그고 TV를 보면서 간식을 먹고 신문을 보거나 여러 얘기를 나누고 일과를 마무리하는, 그야말로 자신이 원하는 공부를 했다고 한다. 지켜보는 마음도 물론 편안했었다. 결과가 좋아서 재수할 때까지는 생각지도 못했던 학교에 지원할 수 있었고 처음으로 특차 원서를 써 볼 수도 있었다. 세 번째 도전하는 입시인데도 '또 떨어지면 어쩌지!' 하는 불안이 조금도 없었다.

이렇게 나는 세 아이를 통해서 수능시험을 여러 가지로 경험했다. 요즘 수능에 필요한 얘기는 아닐 수도 있다. 하지만 언제나 분명한 것은 믿는 만큼 해내더라는 것이다. 너무 심각하거나 권위를 부리기보다, 겉과 속이 다른 이중 메시지를 보내기보다, 한 번씩 웃을 수 있는 여유를 만들어주자. 놀아도 마음 편히 놀 수 없고, 죽어라 공부해서 단 한 번의 시험으로 결정되는 이 수능 스트레스를 날려 버릴 수 있도록 시험 날이라도 한번 웃겨주자.

대학생이 되겠다던 그 약속!

요 며칠 하던 일이 제대로 되지 않아 몸도 많이 지쳐 힘들어하고 있었는데, 갑자기 생각지도 못했던 전화를 받았다. 내가 썼던 글 중에서, 대학생이 되어 다시 찾아오겠다던 그 아이로부터 걸려 온 전화였다.

한 학기 동안 분류 심사원에서 소년원 아이들 교육을 했었는데, 두 번째 팀이 왔을 때 만났던 그 아이. 교육하면서 지켜본 그 아이는 과제 수행 능력이 다른 아이에 비해 뛰어나고 성취 욕구도 강한 그런 아이였다. 또한, 자기 생각에 누가 뭔가를 잘못 알고 있다고 판단하면 끝까지 자기주장을 굽히지 않아 때론 마찰을 빚기도 했던 아이였다.

처음에는 고개도 잘 들지 않았고 쳐다보지도 않았다. 말을 할 때도 눈을 마주치지 않았다. 그렇게 별로 다가오는 것 같지 않더니 관심을 두고 대화하기 시작하면서 조금씩 달라지는 모습을 보이기 시작했다. 교육 중에 내가 할 수 있는 일은 아이들 모두에게 작은 일에도 칭찬을 아끼지 않는 것이었다. 그 아이는 소년원으로 이송될 때 걱정거리가 있다고 했다.

"소년원 가면 ○○가 있는데요, 나보다 일찍 들어왔다고 얼마나 못되게 구는지…"

그게 마음에 안 들어 싸우게 될까 봐 걱정이라고 했다.

"그 아이가 시비 걸 때마다 싸우면 너에게 어떤 도움이 될까?"

"아무 도움도 되지 않아요."

"그러면 싸우는 것 말고 네가 할 수 있는 일은 어떤 일이 있겠니?"

그때 그 아이가 했던 말이 지금 다 기억나지는 않는다. 그러나 적어도 그 당시처럼 적대심을 가지고 싸워서는 자신에게 아무런 도움도 되지 않는다는 사실은 알고 소년원으로 돌아갔었다.

그 아이는 그때 대학생이 되어 나를 찾아오겠다고 했었는데, 갑자기 반가운 소식을 전해왔다. 아마 그동안 소년원에서 싸우지 않고 자신의 약속대로 열심히 공부했을 거라고 생각된다. 서울에 있는 모(某) 대학에 합격했노라고. 그리고 다음 달에 출소하여 따뜻한 봄날 대학생으로 캠퍼스를 밟게 될 거라는 그 반가운 소식이었다. 그 아이가 이송되면서 내게 준 편지가 있어 소개하고 싶다. 그때는 이런 날이 그렇게 빨리 오게 될 줄 정말 몰랐다.

선생님께.

벌써 이곳에서 두 달이 지나 헤어질 때가 되었습니다. 이제 많은 가르침 받고 소년원으로 다시 가게 되었습니다. 어디로 가든지 선생님 잊지 않고 더욱더 힘내서 열심히 하겠습니다. 그리고 꼭 대학생이 되어서 선생님을 다시 찾아뵙겠습니다.

지난 두 달 동안 많은 것을 배웠습니다. 저희 한 명 한 명을 소중히 생각하시어 저희가 잘되기만을 바라며 항상 저희 편에 서서 가르쳐 주시는 선생님께 많은 것을 느꼈습니다.

… 중 략 …

이제 소년원에 가면 포기하고 싶을 때, 힘들 때 격려해주셨던 것 생각하며 다시 힘을 내겠습니다.

다시 선생님 뵐 때는 정말 지금의 모습이 아닌 바뀌고 또한 노력해서 성공한 모습 보여드리겠습니다. 다시 뵙는 날까지 건강하시길 바랍니다.

○○ 올림

비록 환경이 그러하지 못했고, 자신이 그 환경을 이겨내지 못해 그런 곳에 수감되어 있었지만, 자신이 행한 행동에 대한 대가를 충분히 치렀고 또한 자신이 원하는 바대로 대학생이 되겠다는 목표를 실천한 이 아이에게 우리 모두 따뜻한 박수를 보내길 바란다.

이 아이도 누군가의 따뜻한 관심만 있었더라면 여느 아이들과 다르지 않았을 거라는 아쉬움이 남지만 이젠 다 지난 일이다. 이 아이의 가는 길이 아무리 힘들고 어렵더라도 이겨낼 수 있도록 용기와 격려해주는 사람들이 많아지길 바란다.

아이들에게 진심으로 필요한 것은 따뜻한 관심, 그리고 사랑이 담긴 대화이다. 소 잃고 외양간 고치는 일 없도록 자신의 외양간은 어떤지 새겨보는 하루가 되길 바란다.

삼세번의 의미

한 남자가 새를 잡으러 숲으로 갔다. 거기서 어린 독수리를 잡아다가 닭들과 함께 살게 했다. 몇 년의 세월이 흐른 후 동물학자가 찾아왔다.

"저 새는 닭이 아니라 독수리잖아!"

"맞아, 하지만 나는 독수리를 닭이 되도록 가르쳤어."

"아니야, 그래도 독수리는 독수리지. 언젠가는 하늘 높이 날아오를걸세."

"천만에 절대 날지 않을걸."

동물학자와 남자는 시험해봤다.

"너는 독수리다. 네가 있을 곳은 저 높은 하늘이지 이 낮은 땅이 아니야. 훨훨 날아봐."
독수리는 번번이 닭들 곁으로 돌아가 모이를 쪼아먹었다. 여러 번의 시도가 모두 허사였다. 그러나 높은 산에 올라가 부들부들 떠는 독수리에게 정면으로 태양을 보게 했을 때, 독수리는 날카로운 울음소리를 내며 하늘 높이 날아올랐다.

이 이야기는 아프리카 사람인 제임스 애그레이가 쓴 〈날지 않는 독수리〉의 일부다. 이 책은 동화라기보다는 백인들의 노예로서 살아가는, 그래서 자신의 정체성을 상실한 흑인들의 정신을 깨우치기 위한 교훈이 담긴 책이다.

우리 집에도 그런 독수리 한 마리가 있었다. 그 독수리는 1남 2녀 중 막내인 아들이다. 어떻게 보면 독수리들 속에서 스스로 닭을 자처했는지도 모른다. 아무리 '너는 독수리야.'라고 외쳐도 스스로 인정하지 않는 독수리는 거의 스무 해를 닭으로 살았는지도 모른다. 각기 너무 다른 특성을 가진 아이들을 키우면서 비교하지 않고, 아이마다 다른 칭찬과 격려를 했지만, 아들은 특히 작은누나와 비교하면서 자기 자신을 절망의 구렁텅이, 열등감의 늪으로 빠져들게 했다.

자신의 몫인 어떤 성공의 경험도 자기의 능력보다는 우연이나 잘하는 아이들이 없었기 때문이라고 치부하는 아이, 다른 아이들의 모습은 한없이 크게 지각하면서 자신을 늘 축소하는 아이였다. 이런 아이에게 너도 누나와 똑같은 독수리라는 말은 이미 설득력을 잃고 있었다.

언제나 소극적이고 수동적인 아이, 언제나 자신감이 없고 나서길 두려워하는 아이, 하지만 능력이 없거나 재주가 없는 아이가 결코 아니었다.

상대적인 박탈감 때문에 스스로 닭으로 지각하고 편히 살고 싶었는지도 모른다. 알 수 없는 무력감이 안개처럼 드리워져 있었는지도 모른다. 이런 아이에게 삼세번의 의미는 다른 아이들의 '서울대 합격' 그 이상의 의미를 지닌다. 이제야 자신을 인정할 수 있는 출발점에 서게 되는 그 열등감의 터널을 빠져나왔다는 의미이기도 하다.

흔히 승부를 가릴 때 삼세번을 하듯이 아들도 삼수 끝에 관악의 하늘을 날 수 있었다. 서울대에 입학하기 위해 삼수한 것은 아니었지만, 닭으로 지낸 재수 생활까지는 합격증을 주는 학교가 없었다. 평범한 행복을 누리며 살 수도 있었을 이 아이에게 서울대라는 집안 환경은 엄청난 부담이었다. 죽음을 들먹이며 이 집안에 자신만 없으면 아무런 문제가 없을 거라고 했던 아들에게 태연하고 침착하게 연기하는 것은 너무나 어려웠다. 그런 아들의 마음을 보듬느라 보낸 많은 밤이 지나갔다. 언제나 서울대는 갈 수 없는 미지의 봉우리였다.

그러나 2000년 봄, 아들은 자신이 독수리임을 인정하기 시작했다. 아버지와 열심히 테니스를 치기도 하고 피아노 선율로 아름다운 곡들을 연주하면서 자신과 가족들을 편안하게 해주기도 했다. 문득 오랜 잠에서 깨어난 왕자처럼 독수리로서 자신을 다듬어 갔다. 오랜 잠을 자는 동안 꾸었던 악몽들을 조금씩 지워나갔다. 악몽에 시달린 이 아이에게 2001년 1월 27일 아버지, 누나들과 동문이 되는 기적 같은 일이 일어났다.

논술시험을 치렀던 그날처럼 하얀 눈이 엄청난 무게로 쏟아지고 베토벤의 합창교향곡이 배경처럼 잘 어울렸던 그날, 생일 미역국을 받고 앉아서 떨어졌을 거란 생각 때문인지 "에이! 하필 오늘 발표는 해가지고 미역국을…." 구시렁거렸던 아들에게 합격 소식이 눈길을 뚫고 도착했다.

나는 어디다 감추었었는지 모를 만큼 많은 눈물을 토해냈다. 내용은 가슴이 아팠지만, 해피엔드로 끝나는 드라마를 보고 일어서는 관객 같았다. 신이 계신다면 세상에 하나뿐인 감사장을 드리고 싶었다.

논술시험을 보던 날, 학생휴게실 2층에 멍하니 앉아 내리는 눈을 바라보고 있었다. 어디선가 아름다운 음악소리가 들려 왔고 갑자기 글을 쓰고 싶은 충동이 들어 아들을 생각하며 글을 쓰기 시작했다.

새로운 출발을 위한 긴 여정이 끝나는 날
하늘에선 소리 없는 축복이 내리고
무한히 황홀한 겨울 정경에
아름다운 음악은 더 할 수 없는 감미로움으로 다가왔다.
아들아!
이제 그 인고(忍苦)의 시간이 막을 내리려 하고 있다.
한 해의 마지막 날, 항상 듣는 '합창'의 chorus처럼
설경이 주는 그 숭고한 아름다움이란
말할 수 없는 경이로움을 느끼게 한다.
저 흰 눈이 소리 없이 내리듯
그렇게 네 생각의 편린(片鱗)들이 원고지 위에
차곡차곡 내려앉고 있음을, 그렇게 너의 고통이,
염원의 순간이 끝나가고 있음을 엄마는 느낄 수 있어.
이 순간, 마음속으로 편안함이
저 눈처럼 평화롭게 내려앉고 있음을 전하고 싶다.
귀한 내 아들아!
네가 귀한 만큼 너를 더 귀하게 만든

그 큰 힘과 함께 너는 참으로 먼 길을 걸어온 것 같다.

하지만 절대 헛되지 않은 그 시간을

마음속에 간직하며 또 다른 출발을 하자꾸나.

정말 장하다. 그리고 고맙다.

네가 내 아들이어서 엄마는 정말 행복하단다.

눈에 덮인 이 아름다운 campus를

네가 아니었으면 어떻게 바라볼 수 있었을까.

오늘, 드라마틱한 한 편의 겨울동화를

보고 있는 것 같구나.

아들아!

이제 서서히 생각을 마무리해 옮겨 적을 시간이다.

묵묵히 자기 일을 충실히 수행하고 있는 저 눈처럼

너도 그렇게 너에게 최선을 다하고

가벼운 마음으로 우리 점심을 먹자꾸나.

논술 쓰느라 애쓰는 아들에게

마음을 전하며… 엄마가

이 글이 무색하지 않게 아들은 아빠의 후배가 되었다. 간절히 원했던 서울대학교 동창회에 이제는 갈 수 있는 아들이 되었다. 아무도 서울대를 강요하진 않았지만 못 가봤기 때문에 더 가고 싶었을 내 아들의 환한 미소가 관악의 하늘을 날고 있다.

Part 2

우리 아이 감성 교육

6살 아들이 아빠에게 보내는 생일 카드

예전에 딸과 백화점 지하 식당에서 식사한 적이 있다. 그때, 두 아이를 데리고 온 한 엄마가 들어가기 힘든 구석 자리에 겨우 자리를 잡고, 음식을 주문하러 갔다. 작은아이(4~5세 정도)가 계속 칭얼대면서 뭔가를 주장했다. 상황을 미루어 짐작건대, 자기가 원하는 음식 줄 밑에 엄마가 서 있지 않았나 보다. 그 줄에 서 있어도, 엄마가 자신이 원하는 음식을 가져올 거란 생각을 하기가 힘들었나 보다.

아이가 칭얼대고 계속 뭔가를 주장하고 있어도 아무도, 시끄럽다거나 '아유, 쟤 왜 저래' 또는 '쟤네 엄마는 애가 저러는데도 모른 척하고 가만있네.' 등의 반응을 보이지 않는 상황이었다. 정말 주변 사람들의 반응은 아무렇지도 않았는데, 아이 엄마가 갑자기 달려와서 좁은 통로를 비집고 들어가려다 여의찮으니 팔을 뻗고 발뒤꿈치를 들어서 "가만 못 있어!" 기어코 아이를 쥐어박고 갔다. 아이는 습관이 되었는지 맞은 것에는 아랑곳하지 않고 자기주장을 계속했다. 아이는 아마도 지금 자신이 왜 맞는지도 모르고 맞았을 것이다. 아이의 엄마 또한 언제나 칭얼댄다고 생각되는 아이를 키우기가 쉽지는 않았을 것이다.

하지만, 아이는 내 화풀이의 대상이 아니다. 내 감정의 찌꺼기를 쏟아붓는 쓰레기통이 아니다. 우리는 가끔 부모라는 이유로 너무 쉽게 힘을 행사한다. 화내면서 때리는 것만이 그 순간에 할 수 있는 최선의 행동은 아닐 것이다. 그 아이에게 한 번 물어보든지, 아니면 아이의 손을 잡고 데리고 가서 같이 주문해도 좋았을 것이다.

이 시기의 아이들은 모든 것을 자기 관점에서 생각한

다. 다른 사람의 관점을 이해하지 못하기 때문에 모든 사람이 자신과 똑같이 생각한다고 믿는 자기중심적인 사고를 하게 된다. 그리고 모든 사물에는 생명이 있다고 믿기 때문에 인형보고 이야기하거나 어딘가에 부딪혔을 때 그 물체를 때려주는 행동을 하면 울음을 그치는 물활론적 사고를 한다. 그로 인해 자신의 꿈속에 등장한 인물은 자신과 똑같은 경험을 했다고 생각하여 잠에서 깨어나면 꿈에서 갖고 놀던 장난감을 달랜다든지, 할머니를 찾는다든지 등의 행동을 한다. 게다가 막대기로 총을 쏘거나 베개를 안고 아기를 재우는 시늉을 하는 등 가상놀이에 심취한다.

부모들은 아이들이 버스나 지하철처럼 사람이 많은 곳에서 질문하면 당황하거나 아이에게 말을 못 하게 막는 경우가 종종 있다. 아이의 발달과정을 이해한다면 그 시기 아이의 질문이 대단한 답을 요구하는 것이 아니라는 사실을 알 수 있다. 엄마가 생각의 전환을 한다면 언제나 아이와 대화할 수 있고 재미있는 일이 될 것이다.

"엄마, 하늘이 왜 파래?"

"바닷물이 비쳐서 그래." 혹은 "너는 무슨 색깔을 좋아하니?" 혹은 "사람들이 파란색을 좋아해서 하늘을 파랗게 칠한 걸 거야."

그냥 엄마가 생각하는 대로 대답해주면 된다. 그 아이가 대단한 과학적인 상식을 알고 싶어 묻는 것은 아니기 때문이다.

어릴 때부터 아이가 한껏 생각할 수 있도록 엄마는 아이의 질문에 계속 대화를 유도해 가는 것이 좋다. 아이의 생각을 막거나 엉뚱한 소리를 한다고 야단치지 않으면, 굳이 학교에 들어가 창의력을 기른다고 이것저것 시키는 수고를 덜 수도 있을 것이다.

다음은 아이의 생각이 자기중심적이라는 점을 이해할 수 있는 생일 카드 하나를 소개한다. 내 아들이 6살 무렵 아빠에게 보낸 생일 축하 카드이다.

아빠, 생일을 축하합니다. 아빠 친구 선물도 받고, 그리고 케이크를 불을 때, 아빠는 좋아하겠지.

아들 올림

6살 때 아들의 순수한 마음을 나타낸 글이다. 이 시기의 아이는 자기 생각처럼, 아빠도 생일이면 케이크에 촛불 켜놓고 노래 부르고 선물 받는 것을 좋아한다고 생각한다. 따라서 아이가 어떤 말을 해도, 어떤 행동을 해도 아이의 관점에서 받아들이고 이해하도록 노력해야 한다. *(특별히 도덕적인 기준에 어긋나는 경우를 제외하고는…)*

밤, 대추, 감 속에 숨겨진 부모의 역할

온 나라를 무대로 펼쳐지는 '설'이란 이름의 축제(?)가 있다. 이번 명절에 어딘가에서 읽었던 풍월을 조카들 앞에서 읊었다. 차례상에 또는 제사상에 밤, 대추, 감을 올리는 의미에 대해서 말이다.

어떤 씨앗이든 땅에 떨어지면 그 씨앗 자체가 없어지고 식물이 자라지만, 밤은 언제 캐내어도 그 밤알이 그대로 밤나무 뿌리에 남아있다고 한다. 그래서 조상님 산소 주변에 밤나무를 많이 심기도 하고 그 밤을 따러 자손들이 산소에 오게도 한다. 언제고 남아있는 한 톨의 밤알처럼 자기의 뿌리, 즉 근본을 잘 알고 기억하라는 의미이다.

결혼식 끝나고 폐백 올릴 때, 신랑, 신부에게 던져주는 대추는 가뭄이나 태풍 등 자연재해의 경우에만 생산량에서 차이가 있을 따름이지 한 꽃잎이 피었던 자리에는 반드시 한 알의 대추가 열린다. 이것은 사람으로 태어났으면 자신의 의무이자 책임으로서 자손을 낳아 대를 잇게 해야 한다는 의미이다.

감은 씨앗을 심어 자라면 감이 열리지 않고 까치밥이 되는 고욤이 열린다고 한다. 모양은 감과 같으나 크기가 아주 작고 먹을 수 없어 감나무가 되기 위한 접붙이용으로 사용된다. 꺾어서 감나무에 접을 붙여 여러 해를 가꾸어야 비로소 감이 열리는 나무가 된다. 이것은 '사람이면 다 사람이냐, 사람이 되어야 사람이지'라는 의미로 받아들여진다.

언제나 그렇게 해 왔으니까 차례상에 올려야 되는 것에서, 이제는 조상님들이 우리 후손들에게 주는 메시지가 무엇인지를 부모들이 알았으면 좋겠다. 단순히 밤, 대추, 감이라는 물질 이전에 그 속에 살아 숨 쉬는 정신이 아이들에게 전해지기를 바라는 마음이다.

자기 뿌리를 알고, 자신을 이해하며, 사람으로 태어난 도리로서 자손을 낳아 기르고, 고욤이 감이 되도록 가꾸듯이 그 자손이 제대로 사람으로서 구실을 할 수 있도록 사랑과 정성을 쏟으라는 의미이다.

즉, 아이들이 성장하기 위해서 겪는 아픔을 지켜봐 주고 도와줌으로써 올바르게 자라 사회의 한 구성원으로서 필요한 사람이 될 수 있도록 부모의 역할을 제대로 하라는 무언의 메시지를 끊임없이 보낸다는 생각이 든다.

바쁘게 살아가는 일상이지만, 명절이 돌아왔을 때만이라도 차례상에 올리는 밤, 대추, 감을 보면서, 그냥 먹기보다는 '나는 어떤 부모 노릇을 하고 있나?' '나는 어떤 엄마이고 아빠인가'를 점검하는 날이었으면 좋겠다. 진정 다시 생각해보는 날이기를 바란다.

이런 생일선물 받아본 적 있나요?

느림의 미학에 관한 이야기를 종종 듣는다. 인터넷이면 뭐든 다 할 수 있는 초고속의 시대를 살지만 빨리 가라며 떠민다고 더 빨리 가지 않는 것들이 우리 주위에는 너무 많이 있다.

두 딸을 키우면서 경험하지 못한 일들을 아들에게서 무수히 보아왔다. 아들은 어릴 때부터 어딘가에 적응하는 일이 어려웠고 누군가 집에 오면 옷걸이 밑에 숨어 버렸다. 유치원을 다닐 때도 갔다 오면 집에서만 놀았다. 재미있는 비디오가 있으면 온종일 몇 번씩 며칠이라도 보면서 대사를 흉내 내고 혼자 까르르 웃다가 뒹굴곤 하였다. 그러던 아이가 처음으로 친구 집에 놀러 간다고 해서 무척 기뻤다. 5시까지 돌아오겠다며 여러 번 전화번호를 확인했다.

"엄마 우리 집 전화번호가 오백·이십·삼국·에 1· 2· 3· 4. 맞지?"

"내가 친구 집에 놀러 가서 전화할게."

"오백이십 삼국에…"

이렇게 아주 힘을 주어 또박또박 읊어보고는 집을 나섰다. 5시가 넘어도 전화는커녕 아들 녀석은 돌아오지 않았다. 슬며시 걱정되었다. 늘 돌아다니거나 나가서 놀던 아이가 아니어서 더욱 그러했다. 6시가 다 되어서야 돌아온 아들이 문을 힘차게 열고 들어왔다. 표정은 또 얼마나 상기되어 있던지. 깜짝 놀라 쳐다보는 나에게 숨을 약간 헐떡거리며 말했다.

"엄마! 내가~~ 걔네 집에 가서~~~(씩씩거리며) 전화를 했거든요?"

(아주 느리고 천천히 그리고 또박또박)

"으응, 그래서…"

"그런데 있잖아요~~, 내가…. 전화를.. 오백·이십·삼국·에· 했는데요. 그런데 걔네 집(전화기)에는 '에'가 없어요."

"………………….."

너무나 심각한 오류를 발견한 듯한 아들의 표정과 열심히 설명하는 그 목소리에 순간 '이게 무슨 소리지?' 침묵했다가 우리는 폭소하고 말았다.

다음날 유치원에서 돌아오는 차 안에서 갑자기 소리를 질렀다.

"알았다! '에'가 1(숫자)이야!"

그 발견이 너무나 기쁜 나머지 흥분해 있었다.

유치원 가방에 쓰인 전화번호 가운데 (123 '-' 4567) 부분을 돌려세워 읽고는 외친 것이다.

또 어느 날엔가 둘째 누나와 놀러 나갔다가, 어두워지는데 돌아오지 않아서 방송이라도 해야겠다 싶어 내려오다가 다정히 손잡고 걸어오는 두 남매를 발견하고 집에 들어가 현관 앞에 손들고 꿇어앉혔다.

그때 한창 유괴되는 일이 심심찮게 일어났는데 특히 우리 주변에서 그런 일이 있었기 때문에 더욱 야단을 쳤다.

"어쩌려고 나가서 이렇게 안 들어오고 그래. 엄마가 얼마나 걱정하고 기다리는지 몰라? 요즘 세상이 어떤 줄 알기나 해? 유괴범들이 얼마나 날뛰는데 엄마, 아빠도 못 보고 잡혀가고 싶어?" 소리를 빽빽 질렀다.

그때마다 눈을 껌뻑껌뻑하며 알아들었다는 듯이 듣고

앉아 있었다. 다시는 그러지 않기로 다짐받고 일어나서 손 씻고 밥 먹으라고 했더니, 아들이 이렇게 말했다.

"엄마, 근데요, 질문이 있는데 해도 돼요?"

"그래, 뭔데?"

"있잖아요, 그런데 '유 개범'이가 누구예요?"

야단쳤던 후라 웃음을 참았지만 결국 터지고 말았다. 실컷 야단을 치고, 훈계한다고 했지만 아이는 계속 궁금했던 것이다. 유 개범이가 누구인지…

이런 아이를 키우면서 어떻게 누나들처럼, 또는 다른 아이들처럼 빨리 알아듣지 못한다고, 말할 때 안 듣고 뭐 했느냐며 나무랄 수 있겠는가? 할 일을 제때 안 했다고 소리 지르고 야단칠 수 있겠는가?

아이들은 모두 자기 나름의 리듬이 있다. 남들 움직이는 대로 따라 하다가, 혹은 엄마나 아빠의 리듬에 맞추어 살다가 자신의 박자를 놓친 아이들이 주변에 없는지 생각해보자.

삼수 끝에 대학에 들어간 아들 녀석은 자기 리듬대로 꿋꿋이 걸어왔다는 생각이 든다. 그 아들이 얼마 전 엄마의 생일날 준 선물이다. 미처 선물 준비를 못 한 아들이 케이크 상자를 묶었던 리본을 메고 태연하게 얼굴을 들이밀었다. 웃느라 한참 후에 사진을 찍었는데도 무표정한 얼굴로 천천히 그리고 오랫동안 기다려 주었다. 느리게 산다는 것의 의미를 다시금 생각해 볼 수 있었으면 좋겠다. 강물이 떠민다고 더 빨리 가지 않는 것처럼.

평생 꼴찌밖에 못 할 놈이다

라디오에서 어떤 분의 사연을 듣다 보니 마음이 찡한 소리를 냄과 동시에 머리는 분노하고 있었다. 충남대 최병태 교수가 쓴 글 중에 사회가 도덕적으로 건강할 때는 도덕교육이 가능하지만 불필요하고, 사회가 도덕적으로 타락해 있을 때는 도덕교육이 필요하지만 불가능하다는 내용이 있다. 바꿔 말하면, 정신적으로 건강한 부모는 부모교육이 그다지 필요 없지만, 자녀를 잘 기르기 위하여 부모교육을 받고 싶어 하며, 정신적으로 건강하지 못한 부모는 부모교육을 꼭 받아야 하지만 그런 생각조차 못한다는 말로 대신해 보고 싶다.

라디오의 내용은 삼 형제 중 가운데인 둘째가 옛날의 울분을 쏟아내는 사연이었다.

형은 학교에서 1, 2등을 다투는 수재이고 동생은 행동이 약삭빠르고 영리해서 자기 일을 잘하는데, 둘째인 자신은 뭐 하나 제대로 하는 게 없다며 야단맞는 일이 일과였다는 것이다. 또 번번이 형, 동생과 비교당하는 일에 자연히 공부에 흥미도 없어지고 시험 때마다 백지를 내니 맡아놓고 꼴찌를 하는 건 너무 당연한 일이었다. 그럴 때마다 아버지께서 "네가 학교에서만 꼴찐 줄 아냐? 사회 나가서도 평생 꼴찌밖에 못 할 놈이야." 이렇게 심한 말을 많이 했는데, 다 기억할 수 없어 안타깝지만, 미루어 짐작할 수 있으리라 생각된다. 자기 자식에게 내뱉는 아버지의 말 한마디가 자식의 가슴에 얼마나 많은 못질을 했을지….

자식이 다 같을 수는 없다. 그냥 내버려 둬도 잘 자라는 나무도 있지만, 정성과 보살핌으로 자라는 나무도 있다. 자기 일 알아서 척척 잘하는 아이도 있지만, 칭찬과 격려로 크는 아이도 있다. 야단을 맞으면 맞을수록 반항심만 커지는 아이도 있지만, 좌절감에 싹도 피워보지 못하고 시들어 버리는 아이도 있다.

될성부른 나무는 떡잎부터 안다며 지레짐작으로 쏟아붓는 말 한마디가 한 사람의 인생을 좌우할 수 있다. 처음부터 가능성을 알 수 있는 이파리도 있겠지만 한참을 자라봐야 무슨 꽃이 피는지 알 수 있는 나무도 있다.

잘 될 나무인지 아닌지 가리는 안목에도 분명 수준 차이가 있을 것이다. 당장 눈앞에 보이는 것으로 판단하는 때도 있을 터이고 또, 현재보다 미래의 가능성을 보는 분도 있을 것이다. 후자의 입장에서 보면, 될성부른 나무를 운운하는 것은 분명 편견이다.

개나리와 목련을 비교할 수 있을까? 제비와 참새를 왜 다르냐고 우기는 격이다. 그냥 무심코, 또는 자식 잘되라고 했던 말이라고 변명해서 더 화나게 하지 말자. 던지는 사람은 돌멩이 하나 던졌을지 모르지만 맞는 힘없는 개구리에겐 바위였다.

상처를 준 사람은 자신이 상대에게 상처를 입혔는지 알지 못한다. 하지만 상처를 받은 사람은 그 상처가 평생을 가기도 한다. 자신이 쉽게 내뱉은 말 한마디가 얼마나 큰 파문을 일으킬 수 있는지 생각할 수 있으면 좋겠다.

사연을 보낸 분이 지금 무얼 하며 어떻게 지내는지 차량 시간 때문에 다 듣지 못해 안타깝지만, 자신의 인생을 과거 아버지에 의해 흔들림 없이 살고 계시기를 진심으로 바란다. 아버지로부터 받은 멸시와 소외로 당신의 과거는 정말 가슴 아팠지만, 과거는 누구도 어쩔 수 없는 과거일 뿐이다. 이제 자신의 인생에 주인이 되길 바란다. 사연을 당당히 공개한 당신은 아마 그럴 것으로 생각된다.

발상은 패스트푸드처럼

봄은 춘곤증이란 이름의 아이도 함께 데려온다. 그 아이는 우리를 쉽게 지치게도 하고 일이나 학습 의욕을 떨어뜨려 능률도 떨어지게 만든다. 봄에 시장에 가면 갖가지 봄나물들이 얼굴을 내민다. '나를 데려다가 봄이 데려온 그 아이를 달래주세요.'라고 말하듯 봄나물은 마냥 생기가 넘치는 모습이다. 제철에, 제 땅에서 재배된 먹거리가 우리의 몸을 활기차게 만든다며 갖은 정성으로 만든 봄나물을 식탁에 올리지만, 아이들의 손은 쉽게 가질 않는다. 아이들이 먹지 않으면 꽤 속상하지만, 방법이 없는 것이 아니다. 발상을 전환하면 아이디어가 샘물처럼 솟아난다.

아이들을 위한 도시락에도 엄마가 만들어내는 아이디어가 봄처럼 피어나기를 바란다. 간편해서 선호하는 인스턴트 음식보다는, 어느 학원 과외가 더 유익하고 맛있는지를 신경 쓰기보다는, 발상은 패스트푸드처럼 빠르게 정성은 아이의 마음을 깊고 그윽하게 자극할 수 있는 그런 봄의 메뉴들을 선정하기를 바란다.

큰딸아이가 어릴 때는 도시락을 싸는 일이 즐거웠다. 물론 첫아이이기도 했고 가끔 싸는 일이었기 때문이다. 그때 도시락에 밥을 담고, 그 위에 갖가지 색깔의 재료로 그림을 그렸다. 아이가 잘 먹지 않는 재료는 모양을 완전히 달리해서 그림의 어느 부분에 넣거나 다른 재료와 혼합하기도 하고 때론 좋아하는 동물을 그려 넣는 데 사용하기도 했다. 아이는 그때 얼마나 좋아하면서 먹었는지를 지금도 얘기할 때가 있다.

"엄마, 너무 기뻤고 좋았어요. 다른 친구들이 얼마나

부러워했는데요."

큰아이 고등학교 때 도시락은 많은 정성이 필요했다. 아시다시피, 온종일 먹을 도시락이기 때문이었다. 도시락을 펼치면 친구들이 신기한 듯이 쳐다보고 재미있어하고 부러워했다고 한다. 다른 친구들이 도시락을 조금 싸서 오는 데는 다 이유가 있었는데, 그건 바로 다이어트!

체력은 실력이란 믿음으로 준비한 딸아이의 반찬 그릇은 9~10개 정도이다 보니, 책가방보다 도시락 가방이 더 컸다. 뭐 대단한 것을 넣어주는 것이 아니라 메뉴를 여러 가지 선택해서 적어놓고 겹치지 않게, 그리고 집에서 먹듯이 샐러드나 채소도 넣고, 또 같은 메뉴도 소스를 달리해서 준비하면 새로운 기분으로 먹을 수 있다. 소스도 먹다 남은 과일이나 견과류를 조금만 갈아 넣어도 완전히 다른 맛을 내기도 한다.

때론 반찬 그릇도 매일 같은 모양으로 싸 주기보다는 은박지나 리본을 이용하기도 했고, 선물 포장지나 봄에 어울리는 색깔의 손수건에 싸서 엄마의 향기를 느끼게 했다.

거기에 잔잔한 메모가 있다면 더욱 행복할 것이다. 아주 작은 변화에도 아이들은 감동한다. '우리 엄마는 정말 나를 사랑해, 그리고 특별해….'

딸아이는 한창 바쁠 고3 때, 한동안 엄마를 위한 꽃을 선물해 주었다. 한 송이의 꽃이지만 매일 다른 모양의 꽃다발(?)을 받았던 그 기분은 지금도 잊을 수가 없다. 그것은 아이 나름으로 마음의 여유를 찾는 방법 같기도 했다.

아침에 엄마가 싸준 도시락을 받아 들고 배웅받으며 학교에 가는 길에 잠시 꽃집에 들러 미리 부탁해놓고 집에 돌아올 때 찾아오면서 굉장한 기쁨을 느꼈다는 것이다. '엄마가 또 얼마나 기뻐하실까?' 생각하며.

발상의 전환은 어렵지 않다. 다음은 정호승 님이 쓴 당신을 위한 동시 몇 편을 소개한다. 나른해지기 쉬운 봄날 아이 마음이 되어서 그들처럼 생각해보자.

여름밤

들깻잎에 초승달을 싸서
어머님께 드린다.
어머니는 맛있다고 자꾸 잡수신다.
내일 밤엔
상춧잎에 별을 싸서 드려야지.

보리새우

엄마하고 건어물 시장에 갔다.
보리새우를 파는 가게가 많았다.
새우가 사는 바닷속에도
보리밭이 있는 줄
미처 몰랐다.

종

눈 오는 산길을 바라보며

종각에 매달려

종은 평생 무엇을 기다리는 것일까?

그건 아마

멀리멀리 자기를 떠난

종소리를 기다리고 있는 걸 거야.

개불알꽃

개불알꽃을 보았다.

우리 집 바둑이의 불알과 너무나 닮았다.

바둑이는 좋겠다.

불알에도 꽃이 피니까.

봄날

봄날에 혼자 집을 지키다가
엄마 아빠 결혼식 사진을 들여다본다.
사진 위로 키 작은 개미 한 마리 기어가고
엄마 아빠는 간지럼을 타며
팔짱을 끼고 서 있다.
나는 슬쩍 팔짱을 풀고
그들 한가운데로 비집고 들어가 본다.
신랑 신부가 내 손을 잡는다.
따스하다.
창밖에 햇살이 눈 부시다.

내가 총명탕을 먹었나?

사랑하는 내 딸들에게.

참 햇살이 고운 봄날이야. 또 바람은 봄볕을 받으며 피어나는 꽃들에 얼마나 장난스러운 눈길을 보내는지. 오늘 엄마는 충주호가 바라보이는 산자락에 앉아 하늘에다 예쁜(고슴도치 엄마) 내 딸들의 얼굴을 그려 보았단다.

연하고 보드랍게 돋아나는 그 고운 새잎들 속에서 어린 시절, 너희들이 자라는 모습을 꺼내 보았지. 아무것도 모르면서, 어떻게 키워야 하는지도 모르면서,

너희들을 키웠던 엄마가 참 용감했다는 생각이 든다. 내가 지금 배우고 느끼고 깨달은 것들을, 너희들을 키울 때 알았더라면, 다시 쓸 수 없는 단 한 번뿐인 너희들의 삶을 더 소중하게 지켜봐 줄 수 있었을 텐데….

부모 역할을 배운 적도, 연습해 본 적도 없는 이 엄마가 너희들에게 얼마나 엉터리 엄마였는가는 익히 아는 일이지만, 그래도 스스로 신통하게 생각하는 일이 있어.

어린 시절 너희들 사진을 꺼내 들고 쳐다보면서 대견해하고 있단다. 그것은 쬐끔만(?) 내가 생각을 잘못했으면 존재하지 않았을 이 한 장의 사진 때문이지.

20여 년 전, 그때 언제나 바깥에서 놀기만 하던 네가(큰딸) 그날따라 동생을 데리고 방에서 잘 노는 것 같길래 엄마는 얼른 일을 끝내려고 부엌에서 열심히 식사 준비를 했지. 아무 소리가 없는 것이 신기하기도 하고 이상하기도 했지만 방해받지 않고 일을 할 수 있어서 다행이라고 생각하며 일을 끝내고 방문을 여는 순간, 오! 하나님 이게 웬 날벼락? 내 아이들은 어디 가고 하얀 아기 도깨비 둘이 눈만 껌뻑이며 앉아 있는 게 아니겠니?

온몸에 분유를 뒤집어쓰고 있는 너희들을 보고 그 고요했던 순간의 정체를 확인하게 되었지.

'그럼, 그렇지!' 아직 돌이 지나지 않은 네 동생의 식사인 분유 한 통을 까치발로 손을 뻗어 꺼내려다가 이제 막 새로 산 분유를 통째로 엎어버렸던 네가 그때 무슨 생각을 했을지 갑자기 궁금해지는구나.

아빠의 쥐꼬리만 한 월급에 분유 한 통 사기가 쉽지 않았던 그 시절, 또 일 저질렀다고 야단치고 때렸을 수도 있는 상황에 무슨 마음이 발동해서 조용히 모셔다가(?) 이 사진을 찍어 뒀는지….

'내가 총명탕을 먹었나?'

불을 켜지 않으면 방안은 약간 어두컴컴했었고 얻어온 하프 크기의 카메라는 플래시가 없으니, 아이들 몸에서 분유가 털리는 것을 아까워하면서 빛이 있는

문 앞까지 행진해야 했었지.

실제 상황만큼 다 보여줄 수가 없어 아쉽기는 했지만 야단치지 않고 끌고 나와 소중한 추억을 남겨놓은 나에게 오늘은 칭찬을 해주고 싶단다.

멀리서 대학원 과정 마지막 시험 준비하느라 스트레스받고 있을 진아와 얼마 남지 않은 어려운 사시 준비하느라 고생하고 있는 연아에게 23년 전 그 시절 너희들의 모습을 보면서 피식 한 번 웃을 수 있는 여유를 선물해 주고 싶었단다. 옛날처럼 옆에서 돌봐줄 수 없어 마음이 허전하지만 이제 엄마가 해줄 수 있는 일은 이런 일밖에 없는 것 같구나.

몸과 마음이 힘들 너희들에게, 잘 자라줘서 정말 고마운 내 딸들에게, 엄마는 이 세상의 어떤 응원의 함성보다 더 진한 사랑의 기운을 가득 담아 보내고 싶구나. 아름다운 봄 향기도 함께 말이다.

2001년 봄, 사랑하는 엄마가

백 대를 맞았다는 딸과의 진실게임

금융기관의 중견 간부인 그녀에게는 일곱 살과 두 살 난 딸이 있다. 회사에서 산행이 있던 일요일, 그녀는 일곱 살 난 딸과 같이 길을 나섰다.

"엄마가 좋니? 아빠가 좋니?"

"그렇게 곤란한 질문은 하시는 게 아니에요."로 시작해서 여러 대화가 회사 여직원과 그녀의 딸 사이에 오고 갔다.

"우리 엄마 엄청 무서워요. 그런 말 하면 엄마한테 혼나요."

"너 자주 혼나니?"

"그럼요. 잘못하면 맞기도 해요."

"얼마나 맞았는데?"

"한 백 대는 맞았을걸요."

갑자기 들려 온 딸아이의 말에 깜짝 놀랐다며 그녀가 들려준 얘기다.

"딱 네 번 때려준 적이 있어요. 그것도 여러 번 잘못했을 때, 아이에게 이야기하고 한 번에 세 대에서 다섯 대 정도를 때렸거든요. 그런데 아이가 백 대는 맞았을 거란 말을 했을 때 깜짝 놀랐어요."

그날 저녁 사실과 너무 다르게 인지하고 있는 딸아이의 머리를 말려 주면서 실제 상황과 다름을 대화를 통해서 풀었지만, 아이가 그렇게 생각하는지 정말 몰랐다고 했다.

그 이야기를 듣자, 맨날 자기만 때렸다고 항의했던 큰 딸아이가 생각났다. '바로 이거구나.' 싶은 마음이 들었다. 나는 그렇게 많이 때린 기억이 없는데, 딸아이는 많이 맞았다고 생각하는 지각의 차이. 처음에는 아니라고 우기다가 자꾸 말을 하니까, '내가 그렇게 많이 때렸나?' 싶은 마음이 들어 나중에는 국제전화까지 걸어 엄마가 잘못했다고 사과하는 해프닝이 벌어지기도 했었다. 물론 딸아이는 엄마가 자꾸 아니라고 하는 모습이 재미있어서 가끔 한 번씩 놀리느라 그 얘기를 했다고 한다. 자녀가 잘못했을 때 매를 드는 일도 있지만 서로 지각하는 정도의 차이가 이렇게 클 수 있음을 다시금 확인하는 계기가 되었다.

레빈(Lewin)의 이론을 굳이 기술하지 않더라도, 경험적으로 현실적인 환경과 심리적인 환경에는 분명 차이가 존재함을 알 수 있다.

예를 들어, 축구 경기에서 어려운 상대를 만나 우리나라가 선취골을 얻었을 때는 얼른 시간이 끝나서 우리가 이기기를 바라지만 그럴 땐 왜 그렇게 시간이 더디게 가는지, 또 상대방에게 지다가 한 골만 넣으면 우리 팀이 이

길 수 있는 상황인데 한 골은 들어가지 않고 시간만 무작정 흘러갈 때는 남은 시간이 더 천천히 지나가기를 바란다. 그러나 시간은 생각보다 빨리 지나가서 무승부를 만든다. 이 모든 것이 현실적인 환경과 심리적인 환경의 차이에서 오는 시간의 차이다.

그녀는 최소 열두 대에서 최고 스무 대를 때렸겠지만, 맞은 딸아이는 백 대라고 기억하는 이 차이, 엄마는 스무 대 이하라는 현실적인 기억을 하지만, 맞은 딸아이는 그 매가 주는 심리적 불안과 공포 때문에 훨씬 많은 매를 맞은 것으로 기억한다. 그녀처럼 적절한 시기에 대화를 통해 올바르게 인식할 기회를 얻는다면, 서로에게 정말 다행스러운 일이지만 대부분 부모는 '네가 잘못했으니까 맞았지.'라고 단순히 생각할 수 있다.

서로 대화할 수 있는 상황이 되지 않으면 아이는 마음속에 증오심을 품거나 자신만 미워했다는 섭섭함 때문에 부모와 좋은 관계를 유지할 수가 없다.

부모 자신도 모르는 좋지 않은 일화들을 아이들이 기

억하는 경우가 있다. 두고두고 가슴에 품고 있거나 섭섭함이 마음 한구석에 자리하고 있어 언제나 '엄마가 옛날에 나에게 이러 이러 했어.'라는 나름대로(?) 구체적인 일들이 기억 속에 남아 아이의 마음을 괴롭히는 씨앗으로 자라게 된다.

어쨌든 맞은 아이는 부모가 생각하는 실제보다 훨씬 크게 지각할 수 있으므로 매를 사용하지 않는 것이 가장 바람직하지만 그럴 수 없는 경우에는 반드시 아이에게 설명하고 확실하게 할 필요가 있다. 단순히 아무렇지도 않게 생각했던 일에 걸려 넘어지는 수가 있을 수 있기 때문이다.

기억하는 데 자신이 없으면 작은 수첩을 만들어 잘했던 일, 재미있었던 일, 특별했던 일, 그리고 잘못했던 일들을 기록해서 아이와 지난 일들을 얘기하는 기회로 활용하는 방법도 좋다. 가슴에 상처가 있다면 왜 그랬는지 서로 대화하고 설명해주고 오해를 풀 수 있는 자료로 활용할 수 있으면 좋을 것이다.

우리 아이들은 자신의 기억하지 못하는 어린 시절의 에피소드를 얘기해주면 무척 재미있어한다. 특히 삼수하느라 지치고 삶의 활기가 없었던 아들에게는 그러한 에피소드가 웃을 수 있고 심기일전할 수 있는 좋은 자원이 되었다. 어떤 보약보다도 효과가 뛰어난 명약의 역할을 톡톡히 해주었다. 그러나 매를 들거나 아이가 좋지 않게 생각했던 일들에 대해서는 기록해 둔 게 없어 꼼짝없이 딸아이의 엄포에 사과할 수밖에 없었다. 사실은 지각의 차이였는데도….

자연과 병원 사이

'자연과 멀어지면 병원과 가까워진다.'라는 말이 있다. 요즘 세상을 보면 이 말이 더 실감 난다.

예전엔 '태열은 아이들이 흙을 밟을 만큼 자라면 자연스레 없어진다.'라는 말이 있었다. 나도 그 말을 믿었다. 어른들이 말씀하셨던 그때는 우리나라가 정말 그랬었다. 자동차 매연이니 공해니 하는 말 자체가 없었고 아토피 피부라는 말을 들어 본 적도 없었다. 단지 태열이라는 단어 정도만 알고 있었을 뿐이었다.

그러나 지금은 가렵고 벌겋게 달아오른 듯하면서 부어있는 것 같은 얼굴을, 그런 몸을 가진 아이들을 보는 것이 그리 어렵지 않은 시대를 살고 있다.

내 아이도 태열로 시작한 아토피로 무척 고생했다. 초, 중학교 다닐 때는 마음대로 먹지도 못했다. 인스턴트 식품의 영향일지 모른다는 생각에 한동안 자연식을 했기 때문에 아이가 소풍을 가도 싸 줄 것이 없어서 도시락은 말할 것도 없고 마실 음료수도 솔잎을 따서 만들었다. 생각해보니 과자도 싸 줄 게 없어서 밤중에 만들었던 기억이… 지금도 생각하면 가슴이 아프다.

아이스크림, 초콜릿, 콜라, 라면, 햄 소시지 등등. 남들 다 먹는 이런 것들을, 아이가 얼마나 먹고 싶었을까를 생각하면 지금도 마음이 아려온다.

몇 년간의 기(氣)치료, 밤마다 피부 마사지, 건강식품 먹기 등등. 정말 고통스럽고 힘든 날들이었지만 아이는 잘 견뎌주었고 지성이면 감천이랬던지, 아이의 얼굴이 예뻐지고 보통 아이들과 비슷해지면서 얼마나 기뻐하고 감격했는지 모른다.

그러나 고등학교로 진학하면서 그동안 먹고 싶지만

참았던 초콜릿과 아이스크림을 일 년 동안 쉬지 않고 먹어대기 시작했다. 2학년이 될 무렵 다시 예전의 증상들이 나타나기 시작했다.

물론 이러한 현상이 먹거리에서만 비롯되었다는 것이 아니고 여러 환경적인 요인이 작용했겠지만 아주 어릴 때(유치원?)부터 금해왔던 것들이기 때문에 그동안 못 먹었던 한풀이(?)를 고등학교 입학한 그 일 년에 다 한 것 같았다.

나는 무력감에 빠졌었다. 그동안 해 온 어떤 방법이 아이를 치유하게 했는지 알 수 없었을뿐더러, 멀리 있는 아이를 어떻게도 해줄 수가 없었기 때문이었다. 기가 막혔다. 그런데 다행히도 그해(고2) 8월 중순에 독일로 갈 기회가 주어졌다.

독일 전역을 방문하고 난 뒤, 다니게 된 학교는 나무도 많고 공기가 무척 맑은 곳이라고 했다. 떠날 때 아이에게, 우선 먹거리를 조심시켰고, 환경이 깨끗하고 공해가 거의 없는 곳이라니까(아토피는 우리가 사는 곳의 공해

와도 무관하지 않을 거란 추측 때문에…) 네 피부가 좋아질 거라는 믿음을 갖자고 말했다. 한 달 후 아이는 정말 예쁜 피부를 갖고 내 앞에 나타나서 나에게 기쁨을 주었던 경험이 있었다.

그러나 서울에서의 생활이 시작되면서 아이 모습은 예전으로 돌아가고 있었다. 실망스러움과 안타까움은 말할 수 없었지만, 그냥 그렇게 매연과 여러 가지 오염 속에서 살아갈 수밖에 없는 현실에 막막함도 느꼈다.

1년도 넘는 시간이 지난 후, 어느 날 깊고 푸른 바다를 건너 샌프란시스코 공항에 내렸다. 큰 딸아이의 이사를 돕기 위해 작은아이와 버클리에서 한 동안을 보냈다.

UC Berkeley 교정을 돌아보면서 우리나라에서 계절학기를 수강하고 있을 학생들이 떠오르며, 너무 불공평하다는 생각이 들었다. 같은 시기에 누구는 이토록 맑고 푸른 하늘 아래서 청량한 공기와 시원한 바람, 마치 한국의 가을 같은 날씨에 편안하게 공부하는 학생들이 있는 반면, 누구는 이 무더위에 비지땀 흘리며, 에어컨이라도 있는 강의실은 그래도 다행이지만, 어쩔 수 없는 환경에서 공부하는 학생들을 생각하면 슬며시 화가 나기도 했다. 한편으론 우리나라 학생들이 정말 대단하다는 생각도 들었다.

이곳에서 생활하는 동안 작은아이의 피부가 또다시 좋아진 걸 보면 이전의 짧은 독일 생활에서 얻었던 아토피와 공해와의 상관관계를 재확인할 수 있었고, 고통스러워하는 자식을 위해 공해 없는, 맑은 공기가 있는 곳으로 이민 가는 부모의 마음을 이해하지 않을 수가 없었다. 하지만 그렇다고 다 남의 나라로 가도록 내버려 둘 수도 없는 일 아닌가.

환경이 얼마나 중요한지를 지식으로는 가르치지만, 마음으로 깊이 받아들일 수 있는 교육이 과연 존재하는지, 만약 있다면, 그 교육의 효과를 확인해 본 적은 있는지 궁금하기 짝이 없다.

공해나 매연의 정도가 적힌 안내판을 보거나 뉴스를 통해 접하기는 하지만 우리는 그저 하나의 수치로만 받아들이지, 그 심각성에 대해서는 불감증 수준이다. 일부 사람들만이 환경오염의 심각성을 인식하고 실천하려 노력하며, 대부분은 자신이 편하고 쉬운 방향으로 살아간다. 우리처럼 작은 나라에 많은 사람이 함께 잘 지내려면 개개인의 환경에 대한 자각과 실천이 절실하게 필요한데 말이다.

Monterey aquarium(*Berkeley에서 남쪽으로 차로 3시간 걸리며 미국에서 그 규모가 손꼽히는 수족관: 박물관 같은 규모*)에서 인상 깊게 본 장면이 있어 잠깐 소개하고 싶다.

다양한 해양생물의 전시물들을 둘러보던 중 마음에 깊이 남은 장면이 있었다. 석유 시추 봉 하나를 박는 데 2분이 걸린다면 파괴된 자연 속에서 그만한 크기의 구멍에 조개가 자리를 잡고 새 생명을 키우는 데는 8년이 걸린다는 설명과 함께 실물들이 전시되어 있던 점이다. 부모의 손을 잡고 수족관을 찾은 아이들에게 미치는 교육 효과는 어떤 말보다 더 설득력을 얻는다. 그리고 거기에는 정말 귀엽고 앙증맞은 새들이 놀 수 있는 아름다운 공간이 더 마련되어 있었다. 새들의 모습을 새장에서가 아니라 우리와 같은 공간에서 바라보고 얘기할 수 있는 곳이었다. 그런 거대 전시만으로도 놀라운데, 더욱 놀라운 것은 거기 모인 새들이 모두 버려지거나 병들고 상처 입어서 제대로 날 수 없었던 새들을 치료하여 새 삶을 살도록 배려했다는 점이었다.

아이들에게 '이렇게 해야 해', '저렇게 해야 해'라고 굳이 설명하지 않아도 아이의 마음에 울림을 줄 수 있는 너무나 감동적인 교육의 장이었다. 그리고 전시 장면 중 궁금하거나 필요한 것이 있으면 그 앞에서 끝까지 아이와 대화하는 부모의 모습도 시선을 끌 만했다. 대화 도중에 다른 사람들이 오면 얼른 뒤로 물러났다가 다시 아이와 대화를 계속하는 그들의 모습이 지금도 눈에 선하다.

물론 미국이 다 나은 것은 아니다. 분리수거도 제대로 하지 않는다. 그러나 정화시설이 완벽하게 설치되어 사용되고 있다. 정화시설이 있어도 비용을 아끼려고 폐기

물을 마구 버리는 비도덕적인 행위는 하지 않는다.

부쩍 잦아지는 자연재해가 지구온난화의 결과물이라는 점을 생각한다면, 말 못 하는 지구가 보내는 신호(signal)를 이제는 계속해서 무시해도 좋을 것인지 깊이 반성하는 시간을 가져야 한다. 개인이나 특정 집단의 이익보다 다 같이 사는 일에 정쟁(政爭)처럼 열을 올린다면 그 열의가 하늘을 감동시켜 환경오염이나 수마 같은 재앙을 다시는 불러오지 않는 날들을 살 수 있지 않을까?

아이들은 아토피를 견디지 못해 다른 땅으로 피해 가지만 마구 파헤쳐지고 오염되는 지구는 어디로 가지?

집수리하다 발견한 오래된 보물상자

집수리하면서 정리하다 보니 우리 아이들의 추억이 담긴 보물들이 쏟아져 나왔다. 언제 이 많은 날을 살았나 싶은 감회에 젖어 있다가 아들의 일기 몇 편과 담임 선생님이 써주셨던 글을 소개해보려 한다.

아이가 쓴 글에 메아리가 있었다는 사실이 이렇게 기쁘고 흐뭇할 수가…. 그냥 도장만 달랑 찍혀 있었다면 다시 읽고 싶지 않았을 것 같다.

초등학교 5학년 때 쓴 서툰 글이지만 때 묻지 않은 일기와 메아리가 되어 준 선생님의 그 정성에 감사드리고 싶다.

참새 한 마리 1989. 8. 29. 화요일(3학년)

피아노 레슨을 끝내고 버스 정류장에서 버스를 기다리고 있을 때 비가 오고 있었다. 아! 그런데 참새 한 마리가 비를 피하려 이리저리 날아다니다가 약국 문으로 들어가는 게 아니겠어요.

난 참 참새가 불쌍했다. 비를 맞다가 약국까지 들어갔으니…. 그 근처에 처마라도 있었으면 참새가 숨이라도 돌렸을 텐데….

하지만 여기는 상점과 아파트뿐이어서 참새가 쉴 만한 처마 밑은 없었다. 난 참새에 대해서 안타까운 날이라고 생각했다.

오줌 싼 일 1990. 3. 22. 목요일

나는 미리미리 오줌을 누지 않는다. 꼭 급해졌을 때 눈다.

그런데 오늘 피아노 집 문이 열려 있지 않아서 참다가 그만 오줌을 쌌다. 나는 피아노 선생님이 올 때까지 기다렸다. 피아노 선생님이 오셔서, 나는 “선생님, 창피하지만요, 저 오줌을 쌌어요.” 하고 말하니 선생님께서 아저씨 팬티를 주시고 또 선생님 바지를 주셨다. 나는 화장실에서 입었는데 잘 맞아서 다행이었다.

그렇게 입고 나서 피아노를 쳤다. 나는 재수 없는 날이라 생각했다.

병아리 1990. 4. 11. 수요일

아침에 일어나 병아리 집에 가 보았더니 병아리가 없었다.

나는 금방 알아챘다. 병아리가 죽었다는 것을….

나는 울고 싶었지만, 엄마와 울지 않기로 약속했기 때문에 울지 않았다. 나는 이 병아리를 판 아줌마가 미웠다. 병아리도 잘 자라는 것으로 팔아야지….

그렇지만 아빠가 아파트 앞에 묻어주어서 다행이다.

병아리에게 미안한 생각이 든다.

피아노 학원에 가지 않아서 혼남 1990. 7, 5. 목요일

나는 오늘 깊이 반성했다. 그 이유는 나의 오늘 할 일인 피아노를 가지 않고 또 연락도 하지 않았기 때문이다. 그리고 시험을 봤다고, 허락도 안 받고 그냥 놀았기 때문이다.

어째서 나는 그런 것도 뿌리치지 못했을까? 정말이지 내가 바보스러웠다. 나는 집으로 돌아오는 발걸음이 무거웠다.

벨을 눌렀다. "딩동딩동" "누구세요"

엄마의 목소리였다. 나는 이제 죽었구나 싶어서 대답하지 않았다. 그러나 들어가야 하겠다는 생각이 있었기 때문에 두 번째에는 대답했다. 엄마는 나를 꿇어앉혀 놓으시고 이렇게 말씀하셨다.

"그렇게 걱정하면서 노니까 재미있데? 안 재미있데?"

나는 조그만 목소리로

"그래도 재미있었어요" 그러니까 엄마는

"그게 바로 너의 단점이야."

나는 이 말을 듣고 나의 단점을 고치고 또 이런 짓을 않겠다고 마음속으로 다짐했다.

天高馬肥 1991. 10. 30. 수요일(5학년)

'천고마비'란 하늘은 높고 말은 살찐다는 뜻이다. 그러나 나는 하늘이 높거나 낮거나 간에 상관없이 아무 때나 살이 찐다. 나는 비만한 아이를 보며 '저래선 안 되겠다.' 하고 생각하면서도 자꾸 먹는다. 지금 이 일기를 쓰면서도 먹고 있다. 그런데 천고마비의 계절까지 되었으니 더 많이 먹을 것이다. 하지만 이 가을까지만 많이 먹고 겨울부터는 적게 먹겠다. 이 결심이 잘 지켜질지는 모르지만, 꼭 지킬 수 있도록 노력해서 비만이 되지 않도록 하겠다.

대청소 1991. 12, 19. 목요일

오늘 아이들끼리 협동하여 대청소했다. 왁스 칠도 하

고 닦고 기차도 타고 정말 난리법석이었다. 그런데 스타킹이 필요할 때가 있었다. 그런데 한 아이가 스타킹을 얼굴에다 꼈다. 정말 웃긴 모습이었다. 그래서 우리는 손가락질을 하며 웃었다. 스타킹을 신고 디스코를 출 때는 정말 재미있었다.

또 눈썰매는 타러 갈 필요가 없었다. 이 교실에서 썰매를 타면 되는 것이다. 기선이는 노래를 불러주고 우리는 기차나 디스코를 하면서 바닥을 문질렀다. 그러자 타일이 반들반들해졌다. 정말 힘들고 재미있는 대청소였다.

선생님의 피드백

재범이의 일기는 아주 솔직하고 꾸미지 않고 써서 최고상을 주고 싶단다. 보통 실력이 아니거든? 또 반성과 결심도 아주 잘해서 칭찬을 많이 하고 싶단다.

낭비 1992. 1. 7. 화요일

내가 왜 여기다 7일 것을 쓰냐 하면은 엄마께서 낭비

가 된다고 하셨기 때문이다. 나는 맨 처음에 왜 여기에다 쓰라고 하는지 이해가 안 갔다. 그러나 텅빈 공간을 보자, 이해가 갔다. 너무 낭비가 되는 것이다.

나도 요즘엔 낭비하면 안 된다는 것을 알아서 휴지도 함부로 쓰지 않는다. 매일 뉴스에 나오는 쓰레기에 관한 얘기를 들으면 쓰레기를 지구 밖에다 버리면 어떨까? 하고 생각한다. 그러나 우주를 더럽힐 수도 있다. 그래서 나는 크면 꼭 연구하여 더럽다는 말이 없어지도록 해 보고 싶다. *(5일과 6일 사이의 빈 공간에 일기를 쓰면서 기록한 글)*

나의 생일 1992. 1. 27. 월요일

오늘은 내가 고고지성을 울린 지 11년이 지나 12년이 되는 날이다. 나도 이제 12살이 되는 것이다. 그런데 내 생일인 이날 우리 집에서 반상회를 하게 되었다. 40분 정도 더 기다려야 했다.

시험 볼 때 40분이란 시간은 너무 빨리 간다. 하지만

이 시간은 너무 길었다. 드디어 아줌마들은 철수하시고 나의 생일파티가 시작되었다.

케이크를 자르고서 엄마 아빠 누나들의 선물을 받았다. 엄마 아빠께서는 성바오르출판사의 책을 주셨다. 전부 다 감동적이고 내용이 좋았다. 누나가 준 선물은 '최불암 시리즈'였다. 참 기분이 좋았다. 이런 책 선물을 받은 데 감사하여 앞으로도 책을 많이 읽겠다.

선생님의 피드백

너의 열한 번째 맞이하는 생일을 진심으로 축하한다. 많은 은총과 축복 속에서 자라는 네가, 또 깨끗한 마음으로 착하고 슬기롭게 커 가는 너와, 기쁨과 희망으로 벅차 있구나.

협동의 필요성 1992. 1. 28. 화요일

오늘은 학교에 모여 연극연습을 하기로 했다. 하지만 대여섯 명밖에 오지 않았다. 남자들은 거의 왔지만 여자들은 전부 다 오지 않았다. 다른 반은 전부 다 와서 열심히 하고 있었다.
나는 이것을 보고 우리가 뭔가 뒤떨어진 것을 느꼈다. 바로 협동심이다. 전부 다 똘똘 뭉쳐지면 어느 것도 덤빌 수가 없다. 우리 반도 빨리 뭉쳐서 연극을 잘해야겠다. 그리고 나는 더욱 열심히 하여 연극을 잘 살려야겠다.

선생님의 피드백

눈으로 볼 수 있는 실력 중에서 네 일기는 눈처럼 희고 티 없는 맑음을 표현하기 때문에 높은 실력가라고 본다. 새 일기장은 더 멋질 것이다.

한 인간이 성장하는데 가정, 학교, 사회는 아주 중요한 생활환경이다. 우리 아이들이 하루의 많은 시간을 보내는 학교, 그 안에서 이끌어주시는 선생님. 얼마나 소중한 분들인가!

이 가을, 모처럼 발견한 네 보물상자도 나를 기쁘게

했지만, 그 보물들이 더 반짝이도록 수를 놓아주신 선생님께 감사의 인사를 드리고 싶다.

다시 보는 우리 가족의 옛이야기. 그 당시 아들의 생각 속에 조연으로 등장한 나와 남편 그리고 딸들. 아이가 무조건 좋은 엄마로 그리고 있을 거라 착각하고 있는 내 모습. 딸들은 그렇지 않았는데 얘는 정말 이상해….

'요즘 보기 드문 무공해'라는 당시의 별명에 걸맞게 전혀 감추거나 꾸밈이 없는 아들의 일기. 이 가을에 다시 찾은 참 소중한 내 보물이다.

우리만의 크리스마스_산타 사직서

올해도 어김없이 우리 가족의 크리스마스 모임을 했다.

내가 어렸을 적, 크리스마스 날 아침. 머리맡에 놓여 있던 작은 선물꾸러미. 잊을 수 없는 그 감동이 아직도 남아서 마음이 따뜻해져 온다. 값비싼 선물도 아니었고 대단한 선물도 아니었다. 내가 받은 선물은 단순히 물건이었기보다 지금도 기억에 남을 수 있는 꿈을 선물 받았던 것 같다. 그 시절 한동안 만화와 동화 속에 빠져있던 나에게는 산타가 어딘가에 존재할지도 모른다는 설렘과 마음껏 상상할 수 있는, 그래서 내가 동화의 주인공인 듯한 아름다운 그림을 그려볼 수 있어 좋았던 기억이 있다. 우리 아이들에게도 그런 기분을 주고 싶었다.

막내가 2살 때쯤 시작된 여러 가족과의 크리스마스 음악회. 한 가지씩 음식을 마련하여 여러 음식을 맛보며 정겹게 식사하고 아이들의 연주, 노래 솜씨를 보고 들으면서 한 해를 마무리하는 시간을 몇 년간 가졌다. 그날 이후로 크리스마스이브에는 우리 가족만의 만남을 계속해오고 있다. 이날은 우리 가족에겐 모두 만나서 화합하고 한해를 반추해 보는 아주 소중한 날로 자리매김했다.

한 해를 보내면서 느꼈던 많은 생각을 카드에 담아 선물을 주고받으며 서로의 마음을 나누면서 즐거운 시간을 함께한다. 감사의 마음, 축하와 위로하는 마음, 반성과 각오 등등.

지금까지 모은 카드만 해도 우리 가족의 세월을, 역사를 느낄 수 있다. 아이들이 어렸을 때는 산타용 카드까지 6통을 다른 필체로 썼던 부담을 산타가 엄마임을 알아버린 큰 딸아이의 묵계 속에 몇 년을 계속하다가 막내까지 산타의 나라에서 돌아왔을 때 그만두었다. 그때 아이들에게 보낸 산타 사직서가 있어 옮겨 적을까 한다.

엄마가 그동안 산타를 하면서 우리 삼 남매가 티 없이 맑고 밝게 자라주기를 항상 염원했는데 엄마의 소원이 이뤄진 것 같아 정말 기쁘단다.
이다음에 자라서 어른이 되면, 두 가지 선물(엄마와 산타)을 고르느라 애쓴 산타 엄마의 마음을 헤아리면서 너희들의 아이들에게도 훌륭한 산타가 되어 주렴.
지금 엄만 우리 재범이의 꿈을 깨버리는 것 같아 마음이 아프지만, 더 큰 인물로 자라날 재범이를 위해서 이쯤에서 사표를 쓰는 거야. 다음에 너희들의 아이들이 너희들처럼 꿈을 먹고 자라나 험한 세상을 살면서도 항상 남을 위할 줄 알고 도울 수 있는 따뜻한 가슴을 가진 사람으로 자랄 수 있도록 끌어주렴.
엄만 지금, 이 순간 너무너무 幸福하단다.

P.S : 엄마의 산타 임기는 우리 아들 재범이의 6학년

졸업까지거든….

마지막 산타를 보내며, 엄마

모두 성인이 된 지금도 크리스마스이브에는 어떤 약속도 하지 않고 가족 모임을 위해, 아니 어떻게 보면 엄마 아빠를 위해 기꺼이 와 주는 아이들이 항상 고맙다. 어릴 때부터 해 온 이 모임이 우리 가족에게 어떤 의미를 지니는지 그 소중함을 알기 때문일까? 2002년, 둘째가 보낸 카드에는 이렇게 쓰여 있었다.

엄마, 올 크리스마스는 정말 정신이 없네요. 항상 함께 준비하던 언니도 없이 엄마 혼자 준비하시는 걸 보니 가슴 한구석이 허전하기도 하고… 바보 같이 제 할 일 제대로 못 해서 엄마를 도와드리지도 못해, 너무 죄송해요.
언니가 곁에 없으니 엄마 마음 보듬어드리는 일, 제가 해야 할 텐데, 언제나 전 엄마한테 찬물만 끼얹곤

하니 저도 참 속상하고 답답할 때가 많아요. 제 맘은 그런 게 아닌데….

다 제가 잘해야 하는 거겠죠. 아빠께도 그렇고.

아직도 조금은 정신 못 차린 상태이긴 하지만 '너다워져라!' 시던 엄마 말씀 언제나 새기고 있을게요.

엄마, 작년 제게 주신 카드에 '세상 모든 사람이 연아한테 등을 돌려도 마지막까지 곁에서 연아 편이 되어 주겠다' 라고 쓰여 있던 거 읽고는 얼마나 뭉클했는지 몰라요. 엄마가 절 얼마나 사랑하는지 새삼 크게 느꼈거든요. 제가 평생을 노력해도 엄마께 받은 만큼의 절반이라도 되돌려 드릴 수 있을까요. 엄마가 저한테 힘을 주시는 것처럼 저도 엄마 힘들 때 힘이 되어 드릴 수 있음 좋겠어요.

엄마가 우리 엄마라서, 우리 엄마로 있어 주셔서 저는 너무 행복하고 감사드려요.

앞으로는 엄마 속상한 일 없었으면 좋겠어요.

꼭 건강하시고, 2002년 크리스마스이브에.

둘째 연아 올림

카드를 읽으면서 가슴이 뭉클하고 눈물이 나올 것 같았다. 작년의 딸아이 카드를 읽으면서도 그렇게 눈물을 흘렸는데…. 어쩌면 내 마음의 찌꺼기들을 그 눈물이 모두 씻어주었다는 생각이 든다. 우리 가족의 크리스마스는 한해를 돌이켜보며 서로 격려하고 감사하고 또한 기쁨을 나누는 시간으로 30여 년을 보내왔고 앞으로도 그런 순간을 만들어 나갈 우리 가족들이 모두 편안하고 건강하기를 바라며 두 손을 모아본다.

미완성인 도로, 그 길의 끝에는

토요일 가을 산을 다녀왔다. 많은 사람이 주말이면 산을 찾고 또 그 산을 오르지만 나는 무릎 수술을 하고는 운동을 거의 하지 않은 터라 산행을 한다는 것이 무리한 일일 수도 있었다. 하지만 몇 달 전부터 심신 수련을 받으면서 용기를 냈다. 전주에 있는 모악산 입구에서 "저 산꼭대기 철탑 있는 곳까지 갈 겁니다."라는 안내에 조금 놀랐지만 내가 가고자 원해서 나선 길이라 힘들다는 생각을 아예 머릿속에서 지워버리기로 했다.

산에는 물소리, 새소리,

나무들이 반기는 소리,

바위가 품어주는 소리,

햇살이 부딪히는 소리.

낙엽이 흙으로 돌아가는 소리

갖가지 가을 소리가 빛깔과 함께 어우러져 진솔한 자연의 모습을 보여주고 있었다. 그 산을 오르면서 나 같은 초보가 산 정상을 간다는 것 자체가 무리라고 생각했을 수도 있다. 또 예전 같으면 시도하지도 않았을, 그리고 포기하고 싶은 마음이 산을 오르는 도처에서 생길 수도 있었을 것이다. 그러나 처음에 보았던 그 산 정상을 생각하거나 산을 오르면서 고개를 들고 위를 쳐다보면 막막함에 주저앉고 싶은 마음이 더 쉽게 들 것 같아서 그냥 그 주변과 내가 걸어온 길들을 바라보면서 나 자신을 칭찬하고 격려하며 그리고 즐기면서 그 산을 오르기로 마음먹었다.

미리 산 위를 쳐다보고 심리적인 아득함 때문에 지레

겁을 먹거나 좌절할 필요가 없다는 생각이 들면서 우리네 아이들을 생각했다.

항상 자기보다 잘하는 아이들을 쳐다보며 따라가려고 애쓰다가 좌절하는 아이들. 정상에 있는 아이를 보고 기운이 빠져 아예 처음부터 포기하는 아이들. 그런 자녀를 끌고 가려고 지독하게 인내심을 발휘하다 지치는 어머니들. 모두 참 안타까운 모습이다.

주위의 잘하는 아이가 내 자녀의 동기를 유발한다면 이보다 좋을 순 없다. 하지만 자녀가 부모의 뜻대로 따라주지 않을 때 반드시 문제가 발생한다. 그러기 이전에 진지하게 그리고 깊이 성찰하는 마음으로 자신을 되돌아보자.

나는 내 자녀를 제대로 이해하고 있는가? 그것이 내 착각으로 인한 착오는 아닌지. 나는 내 자녀가 가진 그릇의 크기를 알고 있는가? 그것을 판단하는 나의 도구에 이상은 없는지. 우물 안 개구리의 눈으로 세상 밖 황소를 설명하며 더 무거운 목표를 자녀에게 강요하지는 않았는지. 자녀를 위해서라며 자신의 어두운 욕망을 숨기고 있지는 않은지. 남들 모두 하는 일이라며 세상에 하나뿐인 내 자녀를 규격화된 틀 속으로 밀어 넣고 있지는 않은지. 모두 이 가을 하늘에 투명하게 비춰보자.

내 자녀가 "선생님, 제발 우리 엄마가 나 과외 하나만이라도 끊게 도와주세요. 일주일 내내 학원 가고 집에서 과외하고 정말 힘들어요. 이건 공부가 아니에요. 사실 공부 하나도 안 돼요. 엄마한테 말해 봤자 소용도 없고 정말 죽고 싶어요."라고 말하는 아이, 이렇게 병들어 가며 스스로 목숨을 끊는 아이들이 나오지 않기를 진심으로 바란다.

내 자녀의 그릇의 크기도 모른 채 쏟아부은 물이 그릇을 흘러넘쳐서 내 자녀의 온몸을 적시고 추위에 떨며 시름시름 앓아간다. 더는 병들기 전에 무조건 쏟아부어만 주는 그 지극한(?) 모성에 브레이크가 작동하기를 바란다. 내 자녀는 쭉 뻗어 길이 난 고속도로가 아니고 이제 자신의 길을 닦고 만들어가는 아직은 미완성의 도로다.

어떤 길이 될지 모르는 그 도로를 내 욕심껏 달리면 아마도 그 길의 마지막에는 내가 원하고 바랐던 자녀를 찾을 수 없을지도 모른다. 병들고 지친 한 영혼이 엄마를 원망하고 있을지도 모른다. 내가 이끈 그 길의 끝에서는….

100전 100패의 하루 우라라!

하루 우라라는 경주마의 이름이다. 내가 이 글을 선택한 이유는 '100전 100패'라는 글귀 때문이었다. 과연 지기만 하는 말을 경주마라고 할 수 있는지, 그래도 그 말이 계속 경마장에서 달리는 데는 이유가 있을 것 같았다.

경매에 부쳤지만 아무도 사지 않았던 말, 하루 우라라! 어느 목장주의 부탁으로 경마장이 있는 고우치라는 마을까지 도착하여 30여 년을 기수로 그리고 조련사로 일하고 있는 무네이시와의 만남. 그것이 이미 사라졌을지도 모르는 생명, 하루 우라라가 존재하게 된 이유였다.

다른 말들보다 몸집이 작고, 그래서 폐활량이 적어 오

래 달릴 수 없는 말. 게다가 성질까지 까다로워서 다루기 어려운 말. 그 말은 기수 시험에 두 번씩 낙방한 구마원 후지와라에게 맡겨졌다. 1승을 하고픈 말과 기수가 되고픈 청년과의 만남.

"모든 걸 희생해서라도 '다음엔 이긴다'라는 조련은 하루 우라라에게 불가능합니까?"라는 기자의 질문에 "그렇게 하려면 가능합니다. 그러나 1승은 가능하겠지만 다칩니다. 단 한 번 이기려고 그런 조련은 하고 싶지는 않습니다. 좋은 경마는 단지 이기기 위해 수단과 방법을 가리지 않는 태도로는 결코 해낼 수 없습니다. 말의 의지와 기수의 의지가 하나 되어 달리는 것, 그것이 승패를 떠나 정말 아름다운 광경입니다."

그런 의미에서 하루 우라라는 좋은 경주마라고 말하는 스승 무네이시. 다루기 힘들면 곧잘 꾸짖고 때리며 길들이는 구마원도 있지만 "만약 길들이기 위해서 때린다면, 다 큰 후에도 맞는 걸 두려워하는 말이 될지 모르지요, 두려움을 알아버리면 말에게 좋을 게 없어요"라고 생각하는 제자 후지와라. 결코, 이들은 힘으로 말을 따르게 하지 않았다.

공부를 잘하게 하려고 아이들의 흥미나 능력에는 관심도 없이 옆집 누구는 하는데 네가 못할 게 뭐 있냐며 종일 학원으로, 과외로 내모는 부모. 학원만 안 가면 살 것 같다며 무기력해진 자녀. 넘치는 에너지의 부모와 그 속도를 따르기엔 버거운 자녀. 어디든 당당히 나서는 부모와 부모의 그 당당함에 주눅이 든 자녀.

많은 집안일로 인해 지치고 길 잃은 자녀를 되돌리기엔 늦은 부모. 어떻게 도와줘야 하는지를 모르는 부모.

함께 갈 수 있고 한 번의 승리를 위해 망가짐을 선택하지 않는 그 마음이 오늘의 하루 우라라가 있게 한 원동력이었듯이, 어떤 선택이 자신과 아이를 살리는 길인가를 생각하고 실천할 수 있다면 아이와의 심리적 거리를 더 좁힐 수 있으리라.

좋은 교육은 단지 좋은 성적을 받기 위해 수단과 방법을 가리지 않는 태도로는 절대 이뤄지지 않는다. 자녀의 의지와 부모의 의지가 하나 되어 달리는 것이 성적의 좋고 나쁨을 떠나 진정 아름다운 모습이다.

만약 자녀를 길들이기 위해서 때린다면, 성장한 후에도 예전에 맞았던 그 기억 때문에 두려워하는 사람이 될지 모른다. 두려움에 빠지면 당신의 자녀에게 좋을 게 하나도 없다. 이렇게 자녀의 상황으로 바꿔 대비해 본다면 틀린 말일까? 말도 가능한 일을 하물며 사람이 하지 못한다면 그것이 바로 문제일 것이다.

서서히 많은 사람의 관심을 받으면서 어려운 처지에 있는 분들에게 힘을 갖게 한 말, 하루 우라라. 현재까지 102연패. 많은 이들에게 용기와 희망을 품게 한 하루 우라라에게 고우치 관광협회에서는 공로자 표창을 했고, 그 표창의 대상으로 동물이 선정된 것은 처음 있는 일이라고 했다.

하루 우라라가 생명을 부지하고 아직도 경마로서 달릴 수 있는 것은 무네이시와 그의 제자 후지와라 같은 조련사가 있었기 때문이다. 어쩌면 긴 세월, 한 길에 자신의 모든 것을 바치면서 얻은 경험을 그대로 행하고 있는 이들 같은 부모가 있다면 그 아이는 정말 행복하지 않을까.

나는 한 아파트에서 열여섯 해를 살고 있다. 새로운 아파트가 각광을 받을 때마다 떠나지(?) 못했지만, 오래 살다 보니 나무들이 잘 자라서 지금은 숲을 이루었다. 바깥을 쳐다보지 않으면, 들려오는 새들의 지저귐에 숲속에 있는 듯한 기분 좋은 착각을 하게 만든다. 오래된 아파트에서 새들이 사는 둥지로 거듭나는 나의 집. 문명 속에서 느끼는 자연의 힘이 나를 행복하게 한다.

바꿀 수 없다고 포기한 오래된 관념의 지도를 새들이 날아들 수 있는 지도로 바꾼다면 그 이정표를 따라가는 여행은 힘들지만 신나고 살맛 나는 세상으로 가게 되지 않을까.

옴마야 ~ 다행이다_2

큰딸이 한국에서 대학원 석사과정을 하던 어느 날 나도 일이 있어 서울에 갔다가 딸아이를 만났다. 그날 강의 중에 어떤 의견을 냈다가 담당 교수로부터 '역사에 그런 창의적인 아이디어가 왜 필요하냐'라며 야단을 맞고 찾아가서 잘못했다고 빌었다는데 얼마나 속이 상했는지 모른다.

"엄마가 미안해 너를 진작에 유학 보냈어야 했는데…."

그리고 미국으로 박사과정 유학을 떠났다. 채 1년이

되지 않았던 어느 날 울면서 전화가 왔다. 나는 깜짝 놀랐다.

"엉~ 엉~ 엄마 나는 바본가 봐."

"아니 왜? 무슨 일 있었어?"

"공부가 하기 싫어. 수업을 못 따라가겠어. 나는 공부가 안 맞나 봐."

"옴마야~ 다행이다. 얘~~"

"응? 엄마 뭐라고?"

"네가 앞으로 교수가 될 사람이잖아. 근데 네가 전교 1등은 못했지만 나름대로 공부를 못 해본 적이 없잖아. 그러면 이담에 공부가 뒤떨어지는 학생들을 만나면 어떻게 그들을 이해할 수 있겠어?"

세미나 시간에 자기 의견들을 얘기하는데 네이티브인 사람들보다 반응이 늦을 수밖에 없지만 늘 그런 상황이 계속되면 속도 상하고 자신이 바보라서 그런 것 같은 생각이 들 것도 같다.

박사 논문을 위해 1년간 인도에 머물면서 아이디어가 떠오를 때마다 지도교수에게 메일을 보내면 돌아오는 대답은 이랬단다. '너의 아이디어는 언제나 brilliant 해.'

한국에서 만난 교수와 너무 다른 반응에 놀랐고 정말 고마웠다. 그런 격려를 받으면 연구하는 맛도 나고 신바람이 날 것 같다.

우리 사회를 형성하고 있는 문화가 아랫사람에게 그다지 관대하지 않은 게 사실이다. 어른들을 존경하라는 반강요의 교육만 있을 뿐, 어른들이 아랫사람을 어떻게 대해야 하는지는 가르치지 않는다. 그러다 보니 억눌린 마음으로 성장하게 되는 경우가 많다. 자신의 의견을 말해도 어디 어른 말씀에 말대꾸하느냐는 꾸지람이 날아오기 마련이다. 하지만 그건 말대꾸가 아니고 아이가 자신의 의견을 말하는 것이다. 아이가 표현하는 의견을 어른에게 대드는 행위로 받아들이는 그 마음에 관용이 자리하고 있을까?

그렇게 아이의 말을 싹 잘라버리면 더는 자신의 의견을 표출하지 못하고 점점 움츠러드는 사람으로 자랄 게 뻔하다. 물론 모두가 그런 건 아니다. 그럴 때 대들었다가 맞기도 하면서 맷집 강하게 크는 사람들도 있다. 그러나 이들 또한 내면에 억압된 분노가 자리하고 있어서 어느 순간 건드려져 터질지 모를 일이다.

인간관계는 대화를 통해 이루어진다. 가장 기본단위인 가정에서는 부모와 자녀의 대화, 형제자매와의 대화가 주축이다. 그래서 어릴 때 어떤 언어습관을 가진 가정에서 자랐는지는 매우 중요하다. 그래서 간혹은 배우자를 선택할 때도 이 요건을 적용하기도 한다.

나는 가끔 반문해본다. 내 딸이 계속 같은 환경에서 공부했다면 세계적인 대학인 하버드에서 가르칠 기회를 가질 수 있었을까? 딸의 용솟음치는 아이디어들은 빛을 보지 못한 채 사장됐을 것이 뻔하다.

한 학생의 아이디어가 한국대학 교수에겐 허용되지 않고 미국대학 교수에겐 칭찬과 격려를 받는 것만 봐도 알 수 있다. 우리가 사는 주변에도 이런 아이들이 많을 것 같아 아쉬운 마음이 든다.

내 아이의 발달과정을 아시나요?

흑기사는 저 멀리 보이는 악몽
칠흑 같은 어둠 속에
밤은 너를 삼킨다.
그리고 가장 끔찍한
기억만 남긴다.
어둠은 영원할 것 같은 공포 안에
너를 가두고
어둠 한줄기
하지만 깨고 나면
단지 꿈이었음을

이 시는 미국에 사는 내 손자가 초등학교 2학년 때(한국 학제로는 초등학교 1학년 겨울방학) 쓴 시다. 물론 영어로 썼고 딸이 번역해서 보내준 것이다. 내 소감은 놀라움이었다. 함께 읽은 주변 분들의 반응도 나와 별반 다르지 않았다. 내 딸은 의아해했다. 자기들 부부는 아무도 이런 시를 못 쓴다는 것이다.

딸과 사위가 미국대학의 교수들이지만, 하나밖에 없는 아들에게 글씨를 읽고 쓴다든가 하는 공부를 시켜본 적이 없다. 처음 초등학교 입학할 때 본인이 이름을 쓰고 서명해야 하는 데 전혀 글을 써 본 적이 없는 손자는 자기 이름을 그리는 수준이었다고 한다. 그래서 처음엔 학교 가기 싫다고 해서 애를 많이 먹었단다. 자기 이름 하나 써 본 적 없이 초등학교에 입학한 아이가 1년이 지나자 저런 시를 학급문고에 남긴 것이다. 또래 아이들의 시는, '나는 고양이를 좋아한다.' '나는 아이스크림을 좋아한다.' 등등이었는데….

딸이 어쩌다 학교에 가면 담임이 '아룬이는 시인'이라

고 말해서, 딸은 도저히 믿을 수가 없다고 했다. 손자는 초등 3학년 때 학교 대표로 케임브리지 시 교육청이 주관하는 시 쓰기 대회에 수십 명과 함께 나갔다. 그때 2명이 입상했는데 그중 한 명이 손자였다. 이런 얘기를 하는 이유는 자랑과는 거리가 멀다. 공부라고는 전혀 해보지 않고 입학한 아이가 어쩌다 저런 시를 쓸 수 있었을까?

어릴 적 잠들 때마다 딸이 항상 책을 읽어 주었는데, 아마도 이 부분이 손자의 창의력 향상에 도움을 주지 않았을까? 엄마가 책을 읽어 줄 때, 아이는 상상력이 날개를 달고 무한히 날아올랐을 것 같다. 미국에서 내가 손자(5세경)를 잠깐 봐줄 때도 장난감을 총동원해서 혼자서도 신나게 놀곤 했다. 숨었다가 가상의 적을 향해 총을 쏘고 숨고 뒹굴고 그야말로 무아지경이었다. 옆에 할머니가 있다는 것은 안중에도 없었다,

이맘때 아이들은 놀이하는 동안 몸은 그곳에 있지만, 이미 그곳에 없는 상태이다. 그래서 어떤 의식도 되지 않고 혼자 빠져서 논다. 이 시기(3~7세)에는 놀이로 학습을

하고 모든 배움이 놀이로부터 시작된다.

아이가 어릴 때(만 7세 전)는 의식 발달 수준이 아직 무의식에 있는 단계이다. 이 시기에 글씨를 가르치고 인지적 훈련을 시키는 것은 억지로 의식으로 끌어오는 것이기 때문에 자연스러운 성장이 아니어서 당장은 아니어도 여러 문제를 야기한다.

내 모래놀이 치료실에서 만나는 내담자들이 이에 해당하는 경우들도 있었는데, 주로 틱의 형태로 자신의 힘듦을 표현했었다. 학회에 발표되는 비슷한 사례도 나이와 상관이 없었다. 다시 말해 발달과정에 적합한 양육을 받지 못한 경우에는 초등 6학년인데도 의식 수준이 아직 무의식 상태인 경우도 볼 수 있었다.

아이들은 자연이다. 스스로 깨어나서 잘 성장할 수 있도록 지켜봐 주고 필요할 때 대화하면서 양육한다면 원래의 모습을 잃지 않고 잘 자랄 수 있을 텐데 요즘 주변의 아이들 모습을 보면 매우 안쓰럽다. 자신이 원해서 배움을 선택한 아이도 있지만, 대부분은 부모의 욕심으로 아이 머릿속에 모든 지식을 박아넣기라도 하듯 가르친다. 그런다고 그 아이가 더 총명하거나 앞서가진 않는다. 어릴 때 빨리 걸었다고 더 잘 걷지 않는 것처럼. 마치 아이 안에 아이가 자라지 않고 부모가 아이 안에 사는 꼴이 된다.

요즘 일부 부모들은 좋다고 소문난 교육이라면 내 아이가 성장하는 시기에 꼭 필요한 교육인지 묻지도 따지지도 않고 일단 시킨다. 남들이 하는 그 비싼 교육을 내 아이가 받지 못하면 마치 이 사회에서 낙오가 될 것 같은 불안을 느끼며 많은 비용을 들이면서 쫓아가는 모습을 본 적이 있다. 아이의 성장 발달과정에 대해서 조금만 알아도 그런 교육을 어린아이들에게 시키지 않을 것 같은데 참 용감하다는 생각이 들었다.

어릴 때 자기 이름도 쓰지 못하고 학교에 간 내 손자는 9학년인 지금 지역 대표 수영선수로 활동하고 있다. 자기가 하고 싶었고 좋아하는 일을 하고 있다. 누구나 다 공부해야 하는 것은 아니다. 지금까진 수영선수로 살고 있지만 앞으로 이 아이가 어떻게 자랄지 아무도 모른다. 그저 지켜볼 뿐이다.

외고 1학년 딸의 연주회

큰딸이 서울에 있는 외고에 진학했다. 서울 갔더니 사람들이 외고 다닌다고 하면 '와~ 공부 되게 잘했나 봐요? 1등 했지요?'라고 한다. 나는 어안이 벙벙했다. 이 학교에 대해 아는 바가 없었고, 큰딸은 친한 언니의 소개로 가게 된 학교였기 때문이다. 이런 대단한(?) 학교에 다니는 딸은 저녁 9시반 집에 오면, 나에게 학교 다녀왔다는 전화를 했고, 조금 시간이 지난 후에는 곧 잘거라고 연락했다. 말하자면 학교 끝나고 학원이나 독서실 가는 일이 없으니 상대적으로 여유로운 학교생활을 했다.

어느 날 외고 1학년 딸에게 연주회 제안을 했다. 그러잖아도 무기력한 학교생활이 그다지 재미도 없을 때 그런 제안을 하니 딸은 흔쾌히 승낙했다. 지금 생각해보면 나는 참 무식이 용감했다는 말이 딱 어울리는 엄마였다. 서울에 있는 고 1학년 딸과 대전에 있는 초등 6학년 딸과 초등 5학년 아들의 피아노 트리오 연주를 요청받고 심 봉사 몽은사에 쌀 삼백석 시주 약속하듯 덥석 출연하겠다고 결정해 버린 것이다. 너무 좋아서…. 정신을 차리고 생각하니 난감한 이 상황을 어떻게 수습하나 만감이 교차했다.

트리오의 생명은 하모니인데 한집에 살지도 않는 이 아이들을 어떻게 모아서 연습시키나 싶은 내 마음이 심 봉사의 마음과 다르지 않았다. 그래도 정신을 차리고 생각하니 솟아날 구멍이 보였다.

일단 곡을 쉬운 것으로 선정하고 연습했는데, 대전의 두 아이는 학교에서 계속해 오던 일이라 별다른 문제가 없었지만, 첼로에서 손을 놓고 있었던 큰아이가 걱정이었다.

학교가 끝난 이후의 시간은 공부하거나 잠을 자거나 아니면 이젤을 앞에다 두고 취미로 서울의 야경을 그리곤 했는데, 고등학교 1학년의 10월은 그렇게 난데없는 첼로 연습으로 메워졌다. 하지만 특별한 일을 좋아하는 딸아이는 기대에 부풀어 있었다.

트리오 연주를 위해 대전 사는 두 아이에게 전곡을 연주시키고 여러 번 녹음한 테이프를 서울로 가져가서 큰딸의 귀에 이어폰을 꽂아 주고 동생들의 연주에 맞춰 연습하도록 했다.

10시가 다 되어가는 시간에 하는 첼로 연습이 웃기기도 하고 또 학교만 다니기에 지루했던 아이에게는 새롭기도 한 일이었다. 오고 가기가 수월하지 않았기 때문에 선택한 방법이었는데 나름대로 최고의 선택이 된 셈이었다.

연주회 당일 만나서 리허설을 진행하고 서툴지만 두 곡의 연주를 했다. 아들 녀석은 예나 지금이나 이런 일에는 얼마나 신이 났던지….

지금 생각해보면 다행히 큰딸아이가 달랑 한 장 밖에

원서를 내지 않았던, 자신이 원하는 학교에 합격했으니 말이지 그렇지 않았다면 남들 공부할 때 혼자 별난 짓거리 하더니 꼴좋다는 소리 꽤 들었을 법한 일이었다. 그리고 이 일은 대학에 합격하기까지 학교 선생님이나 친구들에게는 비밀로 했던 연주회였는데, 우리 가족에겐 대단한 연주회였지만 기대 수준에 따라 상당히 다르게 들렸을 것이다. 연주를 잘하고 못하고의 문제가 아니라 그런 추억을 가질 수 있었다는 것이 우리에겐 즐거움이었고 행복한 순간이기도 했다.

어릴 때부터 많은 이벤트와 추억 만들기를 해왔기 때문에 대학입시라는 중대한 목표를 두고 그런 일들을 어렵지 않게 할 수 있었던 것 같다.

"엄마가 나를 요즘 아이들처럼 공부시켰다면 지금의 나는 없었을 거예요. 엄마하고도 벌써 원수가 되었겠죠."

"…………"

며칠 전 아들의 말이다. 아이가 자라서 자신의 어린 시절을 회상할 때 추억의 창고에서 반짝이는 영롱한 보석 같은 얘기들을 꺼내 올 수 있으면 얼마나 행복할까? 물론 축축하고 어둡고 거미줄 낀 기억들이 우리 아이들의 창고에도 있다. 하지만 전자가 조금 더 많다면 어른이 되었을 때 정신이 풍요로운 삶을 살 수 있지 않을까?

어릴 때부터 공부시키지 않아도, 잘 성장해서 자신의 앞가림을 하더라는 것이다. 단지 목표에 도달하는 시기가 아이마다 다를 뿐이다.

부모가 자신을 잘 알고 자녀를 제대로 이해한다면, 그래서 자녀를 위한 교육관이나 철학이 있는 부모라면 다른 집 아이들이 어떤 학원에 다니는지에 에너지를 낭비하지 않아도 될 텐데….

그러나 보통은 부모가 자신이 없거나 자신의 기대 수준에 아이를 맞추는 경우가 많아서 아이들이 놀 틈도 쉴 틈도 없게 만든다. 하지만 아이는 내 소유물이 아니고 독립된 인격체이다. 아이들의 생활환경을 엄마의 손바닥

같은 통제영역이 아니라 좀 더 넓은 영역에서 생활하게 하는 것이 바람직하다.

지금 내 아이가 뿌리를 제대로 내리지 못하는 건 아닌지, 내 아이 나무에는 맞지 않는 비료를 주변에서 좋다고 하니까 지나치게 많이 주는 것은 아닌지 돌아봐야 한다.

정상적인 변화의 과정을 겪지 못한 나비처럼 날개를 아예 못 쓰고 추락하거나 한쪽 날개만 겨우 펄럭이는 사람으로 자라길 재촉하고 있지는 않은지 아이의 처지가 되어 진심으로 생각해보면 좋겠다. 부모 스스로 자신은 잘하고 있다고 믿는 비합리적인 신념은 결국 아이의 성장을 막는다.

Part 3

내가 본 세상

윤이상, 유치환을 꿈꾸는 도시

예전 kbs.1 TV에서 '현대 인물사 윤이상'을 방영하였다. 고향인 통영에 끝내 돌아오지 못하고 생을 마감할 수밖에 없었던 윤이상 님의 그 아픔과 분노가 함께 전해져 왔다. 국민의 관심을 다른 곳으로 돌리기 위한 동백림사건으로 희생양이 된 윤이상과 독일군의 간첩 활동을 했다는 혐의로 종신형을 선고받았던 유대인 대위 드레퓌스가 오버랩 되었다. 그래도 프랑스 정부는 드레퓌스 사건에 대한 그들의 잘못을 인정했다. 그 억울함이란….

윤이상이 그토록 간절히 돌아오고 싶었던 그곳 통영엔 평화로운 섬들이 누워있었다. 예전처럼 호수 같은 바다는 아니지만 꿈꾸는 푸른 바다와 그 위를 가르는 섬으로 가는 수많은 배가 일으키는 하얀 파도.

울컥 그리움이 그 파도를 타고 밀려 올라왔다. 너무도 아름다운 곳, 내 고향 통영이다.

몇 년 전 남편과 대진고속도로를 달려 그곳에 갔었다. 통영이 가까워지면서 내 몸의 세포들이 그 옛날을 기억하기 시작했다. 바르르 떨리는 몸, 그리고 떨어져 내리는 눈물. 그러나 내가 아는 곳을 찾을 수가 없었다.

마치 성형수술로 변해버린 친구의 얼굴에서 그 옛날 내가 알던 그 친구의 얼굴을 떠올릴 때까지 한참 기억 속을 헤매고 다녀야 했던 것처럼….

마리나 콘도에 여장을 풀고 이곳저곳을 찾아다녔다. 예전에 내가 알던 그 길을 찾고 나서야 마음이 놓였다. 주변의 아름다운 섬들을 찾아가기보다는 예전의 그곳들을 먼저 확인하고 싶었다. 주택가로 변모한 외할아버지의 선산, 내가 다니던 학교, 청마의 에메랄드빛 하늘이 내다보이는 우체국, 남망산 공원, 세병관 등등.

첫날 밤 서호시장에서 생복어국으로 맛있는 저녁 식사를 하고 남망산 공원으로 갔다. 야경을 바라보며 예전의 그 맑고 아름답던 통영을 떠올려 보았다. 산장에서 직접 갈아주는 시원한 과일주스 한잔을 불어오는 바람과 마주하며 마시는 그 개운함이란….

둘째 날, 통영 해양수산과학관에서 바다와 관련된 그 모든 것들을 보았다. 그곳은 관람하는 도중에 아름다운 바다가 내다보이는 베란다로 나올 수 있게 되어있었다. 세계 최고의 청정해역인 그 통영 바다를 직접 볼 수 있도록 설계된 건물이 정말 마음에 들었다. 잔잔한 바다와 예쁜 섬들, 그리고 소나무. 근처에 있는 달아공원에도 올라보고 점심으로 자연산 볼래기(볼락)회와 구이를 정말 맛있게 먹었다. 어릴 때는 전혀 먹지 않았던 그 생선들이 얼마나 귀하게 여겨지던지….

미륵산으로 가면서 어릴 때 소풍 갔던 날들이 떠올라서 또 외할머니 생각에 눈시울이 뜨거워졌다. 예쁜 옷에 맛있는 점심, 그리고 함께 목청껏 불렀던 그 노랫소리가 나의 감각기관들을 깨우고 있었다. 하지만 지금은 예전에 오래도록 걸어갔던 그 산이 아니고 차로 금방 갈 수 있는 그런 곳이 되어있었고, 입구에는 '미륵산을 그대로 놓아두라'라는 플래카드도 걸려 있었다.

숲길을 조금 걸어가니 에메랄드빛 저수지가 발아래 보이고 용화사가 나타났다. 40년 만에 와 보는 용화사, 그리고 미륵산. 미륵산을 배경으로 용화사 처마 끝에 달린 풍경이 마음을 고요하게 해 주었다. 잠시 숨을 돌리는데 누군가 남편에게 열심히 미륵산과 용화사 뒤쪽에 있는 미래사를 설명하고 있었다. 그리고 이 미륵산이 통영사람들에게는 생명산임을, 좋은 기운이 만나는 곳이며 얼마나 많은 사람이 아침이면 이 산에 찾아오는지를 말해주었다. 감사함을 전하고 서둘러 예정에 없던 미래사로 향했다. 바로 산 아래에 있는 미래사까지는 차로 올라갈 수 있었고 그곳에도 '미륵산을 죽이지 마라'라는 글귀가 벽면을 채우고 있었다.

미래사 옆 작은 숲길을 얼마간 걸어갔을 때 눈앞에 그

림처럼 나타난 바다, 그리고 미륵불. 그 자연의 아름다움에 넋이 나간 듯이 바라보며 마음속으로 물었다.

'매일 혼자 이 아름다운 바다를 바라보는 미륵불님은 행복하세요?'

예전과 다르게 자꾸 개발되어 가는 통영을 바라보고 있으면 마음이 아프다고 대답하는 것 같았다. 통영사람들의 생명이라는 이곳에 통영시에서는 케이블카 공사를 하고 시민들은 반대했다.

내 마음 한쪽이 무겁게 짓눌리는 듯한 느낌이 드는 것도 이제는 너무 복잡해져서 통영에 맑은 공기가 머물지 않을 것 같은 생각에서였다. 매립으로 좁아진 그 앞바다에 배가 숨을 쉴 수 없을 만큼 들어차 있었고 시내에는 온종일 차들이 도로를 메우고 있었다.

돌아오는 날, 바다 밑에 있는 굴, 해저터널을 갔다. 예전의 어두컴컴했던 모습과는 달리 그 모습을 유지하면서 잘 정돈되어 있었다. 터널 벽면에 통영을 소개하는 자료들이 있어 그중 대를 이어 통영 소반을 제작하는 무형문화재 추영호 씨를 만났다. 그곳은 윤이상의 생가 바로 옆집이었다. 그러나 작업장은 우리 전통의 맥을 이어가는 곳이라고는 감히 생각할 수 없을 만큼 열악한 환경이었다. 수해로 자료들을 많이 잃어버려 보여 줄 것이 없었고, 당시 물에 잠겨서 조금은 뒤틀린 소반들과 현재 만들고 있는 소반들을 몇 개 볼 수 있을 뿐이었다.

장자(*壯者*)에 이런 이야기가 있다.

남해의 제왕 숙과 북해의 제왕 홀이 중앙에 있는 혼돈의 나라에서 만나면 혼돈이 그들을 잘 대접해주었기에 그 보답으로 숙와 홀은, 사람은 모두 칠규(*일곱 개의 구멍*)가 있어 보고 듣고 숨을 쉬는데 혼돈만은 그것이 없으니 구멍을 뚫어 주자고 상의하여 하루에 한 구멍씩 뚫어 주었다. 그러나 7일이 지나자 혼돈이 그만 죽고 말았다. 여기서 혼돈(chaos)이란 인위적인 작용이 가해지지 않은 순수한 자연을 말한다. 숙과 홀이 구멍을 뚫어 혼돈이 죽고 말았다는 것은, 인위적인 작용이 가해지면 자연이 파괴된다는 뜻이다(이야기 장자 인용).

통영시가 진정 시민들을 사랑한다면 개발보다는 자연 그대로의 보전에 더 많은 예산을 사용하기를 바란다. 이대로 계속 개발만을 위해 모든 에너지를 쏟는다면 몇 년 후 세계 최고의 청정해역이라는 아름다운 이곳이 어떻게 파괴되어갈지 걱정이 앞선다. 일단 자동차가 갈 수 있는 길이 만들어져 있는데, 건강을 위해 시민들이 즐겨 찾아가는 시민들의 생명이라는 그곳에 굳이 케이블카를 설치할 필요가 있었을까? 무조건 개발하는 식의 행정보다는 통영시의 전통문화를 살리고 계승 발전시켜나가는 일에 마음을 모아야 한다. 통영시가 필요한 것은 가시적이고 물리적인 개발보다 자연 그대로의 보전과 정신적인 유산들을 잘 지켜나가는 것이리라. 그것이 가장 통영다운 행정을 펼치는 일이며 바로 후손들을 위한 교육에도 참여하는 일이라 생각된다.

아름다운 자연과 더불어 살면서 제2의 윤이상, 유치환, 김춘수, 박경리를 꿈꿀 수 있도록 말이다. 해마다 통영 국제음악제가 열리는 이곳에 윤이상 님의 혼백이 다녀가신다면 이제는 이토록 문명이라는 이름으로 짓밟히고(?) 있는 고향 통영을 안타까운 마음으로 바라보시며 무거운 마음으로 꿈에도 그리던 통영 하늘을 날고 계시지는 않을까? 그리고 나보다 더 어딘지를 몰라 한참을 헤매시지는 않을까?

성형수술과 가을 고추

내가 소중하게 간직하고 있던 사진 한 장이 있었다. 아주 앳된 엄마인 내가 못난이 아기였던 첫째를 안고 찍은 사진이다. 큰딸아이가 이 사진을 자랑한다며 들고 다니다 가지고 있던 사진 2장을 모두 지갑과 함께 날려 버렸다. 유일하게 액자에 한 장 남아있던 사진을 둘째가 생일선물로 복원해 주었다. 작은 사진, 큰 사진, 무지무지하게 큰 사진까지.

시어머니가 오셨을 때였다. 부엌에서 아침 식사를 준비하고 있는데 "아이구 예뻐라, 우찌 이리 예뿌겠노." 조금 있으니, "참말로 예뿌다, 정말로 예뿌다." 대형사진 앞에 앉아 예쁘다는 말을 계속하고 계셨다.

밥을 하다 생각하니 저렇게 입에 침이 마르게 칭찬을 하시는데 가만히 있는 것도 도리가 아니라는 생각이 들었다. 어머니는 속으로 사랑을 담고 계신 분인데 '우리 어머니가 며느리를 저렇게 직접 칭찬하실 때도 다 있네'라고 생각했다.

"어머니, 아침에 눈 뜨자마자 세수도 안 하고 찍었…는데…." 하면서 어머니 곁으로 갔더니, 다행히도 내가 방금 한 말은 못 알아들으시고….

"아이구! 이것 좀 봐라, 아(아기)가 이리 예쁠 수가 있노. 복슬복슬해 가지고 꼭 예쁜 강아지 안 같나!"

"???????????"

아니! 이런! 글쎄 예쁘다는 대상이 내가 아니고 사진 속의 당신 손녀딸을 보고 연신 예쁘다고 말하고 계셨다. 사진 속의 아기가 더 예쁩니까? 정말로!

슬그머니 돌아서서 부엌을 향하는 내 입가에는 멋쩍은 웃음이 떠나질 않았다. 이런 걸 착각이라고 하는 거지. 그냥 밥이나 하는 건데….

가끔 남편이 딸아이 앞에서는 "우리 딸이 제일 예쁘지."라고 말하고는 돌아서면 나에게 "그래도 코를 한방 해야 하지 않을까?", "입술을 진작에 꿰매주는 건데…." "쌍꺼풀을 해주면 좀 나으려나."

다행히 눌러진 부분은 조금 펴지고 적당히 규격을 갖추다 보니 성형수술을 하지 않고도, 자연 그대로의 모습으로 예쁘게 잘 자라주었다.

정말로 사진 속의 모습처럼 바퀴가 지나간 것 같은 납작한 코에 툭 튀어나온 입술, 작은 눈으로 계속 있었다면 요즘처럼 못생긴 건 용서가 안 된다는 시대에 성형수술하느라 나도 돈을 좀 썼을까? 어쩌면 그 돈을 딸아이의 미래에 투자했는지도 모른다. 지금도 딸과 둘이 만나면 가을볕에 말리느라 늘어놓은 고추들처럼 언제나 할 얘기가 너무 많다.

함께 나눌 수 있는 추억 만들기에 우리의 온 마음을, 열정을 그리고 성형수술에 들 수도 있었을 그 돈들을, 못생겨서 걱정되었던 그 아기에게 그렇게 부어주었다. 그 사진 속에서 아이의 아름다움을 볼 수 있는 할머니의 혜안. 지금까지 성장 과정을 지켜본 손녀딸에 대한 사랑의 표현이었으리라. 잘 자라주어서 정말 고맙다는….

작은 가시가 보내준 사랑의 표현

언제부터인가 모든 사물과 대화를 하는 습관이 생겼다. 물론 아이로 퇴행했다는 의미는 아니다. 나를 위해 발이 되어 주는 내 자동차, 열심히 생각들을 문자로 옮겨주는 컴퓨터, 또 온 힘을 다해 하얀 종이 위로 실어 나르는 프린터. 글을 쓸 수 있게 도와주는 이 고마운 존재들에게 정말로 감사한 마음을 혼자서 중얼거린다.

저녁을 먹고 산으로 가면, 어스름한 산그늘 아래, 나무들과 그 위를 지나가는 바람이 나를 반긴다. 그 자리에 있어 줘서 정말 고맙다는 인사를 나눈다. 운이 좋으면 떠나며 긴 작별의 인사를 나누는 해님의 아쉬움인 노을을 만날 수도 있다. 그 살아있는 대자연의 아름다운 그림 앞에 순간 나는 사라진다. 그리고는 감사의 마음을 하늘로 날려 보낸다.

예전에 명상 여행길에서 선인장에 탐스럽게 매달린 열매들을 보았다. 처음 보는 것들이라 신기하기도 하고 기특하기도 해서 어루만져 주고 싶었다. 기회가 좀처럼 오지를 않아 짝사랑하듯이 바라만 보았다. 그러던 어느 날인가 새벽 명상을 하고 내려오는 길에 가까이에서 다시 만났다. 다가가 "어쩌면 이렇게 예쁘게 자랐니?" 하며 쓰다듬어 주었는데, 선인장은 내 손가락에 가시를 새겨 주었다.

온몸의 극히 미세한 부분에 박힌 가시. 나는 그 아픔 때문에 아무 일도 할 수 없었다. 가시가 너무 작고 연약해서 빼내려고 하면 자꾸 부러져 빼내기도 만만치 않았다. 가시가 박힐까 봐 조심스레 애정 표현을 했을 뿐인데….

가시가 박혔던 그 순간은 아프고 신경이 계속 쓰였지만, 가시가 빠졌을 때 한 가지 생각이 밀려 왔다. '나만 일방적으로 사랑의 표현을 하려 했구나, 모든 사물과 대화한다고 하면서 상대의 마음은 읽으려 하지 않았구나, 나 자신의 만족을 위해 취했던 그 행동에 선인장 열매도 자신의 마음을 전한 것일 텐데 서로 전달하는 방식이 다를 수 있다는 것을 모른 채, 나는 그 작은 가시의 반응에 얼마나 어처구니없어했던가.

살아가면서 서로 코드가 달라 얼마나 많은 오해와 갈등을 낳는지, 그 오해를 올바르게 설명하려고 다시 말을 하면 할수록 더 오해를 불러일으키게 되고 기분만 더 나빠지게 되지는 않는지.

칼에 베인 상처는 며칠이면 낫지만 세 치 혀에 벤 상처는 평생을 가지 않던가. 부모가 자식을 기르면서 사랑이라는 이름으로 아이들에게 내뱉는 그 말들의 향연에 또는 자녀가 되쏘는 그 반응에 너무나 기막혀하거나 화가 치솟지는 않았는지, 예쁘다며 쓰다듬는 손길에 박히는 그 작은 가시처럼 가슴을 찌르고 있지는 않은지. 내가 표현하는 자녀 사랑 방식이 진정 자녀와 코드가 맞는지,

내 만족을 위해 하는 것인지 구분할 수 있는 마음의 눈을 떠야 할 때이다.

봄 햇살이 창 앞에 내려앉듯이, 그렇게 지혜로움이 싹을 틔울 수 있도록 마음의 창문을 열어보자. 내 자녀가 스스로 할 수 있도록 도와주고 기다리며, 기다릴 수 없다는 조급한 마음을 이제는 내려놓아야 한다. 그리고 반드시 자녀에게 뭔가를 해야만 한다는 강박관념에서 벗어나자.

저녁이면 어김없이 사라지는 그 해님처럼 묵묵히 자기 일을 하고, 늘 그 자리에서 움직이지 않고 서 있는 나무들처럼 아무것도 하지 말자. 그런다고 나무가 제 할 일을 미루거나 하지 않는 것은 아니지 않는가!

열정으로 일한 결과는?

카트만두에서 콜카타로 다시 델리로, 그리고 장장 30시간에 걸친 미국으로의 비행에 어려움도 있었지만, 너무 힘들었던 인도에서의 1년을 무사히 끝내고 돌아간다는 기쁨에 들떠있었던 큰 딸아이한테 델리 공항에서 전화가 왔었다.

"엄마, 조금 전에 공황에서 얼마나 황당했는지…."

"아니, 왜?"

출국심사 하기도 전 단계인 공항 입구에서 한 직원이

딸아이의 여권을 보더니, "두 명이 여행하시는 모양인데, 한 분은 어디 있어요?"

"네???, 나 혼자 여행하는데요."

여권 사진과 현재의 얼굴이 너무 달라서 도저히 동일인으로 생각할 수가 없단다.

"나 맞아요."

쳐다보기를 여러 번 하더니, 다른 직원이 와서 얼굴감별작업을 열심히 하고, 또 다른 직원이 와서 이리저리 뜯어보고 네 번째 직원이 와서 또 살피고 도저히 본인이 아니라고 했단다. 그냥 보고 통과하면 1분도 안 걸릴 일을 30여 분을 지체하면서 보고 또 보고.

결국, 책임자가 와서 외국인(한국)이 본국으로 가는 것도 아니고 다른 나라(미국)로 가는 일은 거의 없는 데다가 사진과 실물이 너무 달라 그럴 수밖에 없었음을 이해해 달라며 사과했지만, 여전히 약이 올라 씩씩거렸었다.

"아니, 니네 인도에서 1년을 살면 이 얼굴이 요 얼굴로 바뀐다, 그러지 그랬어!"

"참, 그렇네. 정말!!"

처음엔 금방 끝날 줄 알았다가 시간이 지날수록 화가 나기 시작했고 그런 말을 할 여유가 없었단다.

낯선 곳, 외국에서 무엇으로도 여권의 사진과 현재의 얼굴이 동일인임을 증명할 길이 없는 상황이 발생한다면, '기가 막혀', '그럼 나더러 어쩌라고' 말할 수는 있겠지만 시간이 지날수록 두려움이 고개를 들지 않았을까? 이럴 줄 알았으면 계속 변해가는 모습을 찍어서 연결 사진을 굴비처럼 엮어 가슴에 걸고 갈 걸 그랬나.

그러나 누가 자기 모습이 일 년 사이에 그렇게 변하리라고 생각이나 했을까? 아니면 그들이 사람을 보는 눈에 문제가 있었을까?

개구리는 뜨거운 물에 집어넣으면 금방 튀어나오지만, 찬물에 넣고 서서히 열을 가하면 뜨거워지는 줄도 모르고 적응이 되어 서서히 죽어간다는 말이 생각났다.

얼굴도 서서히 변하니까 매일 보는 그 얼굴이 그 얼굴로 보이다가 모처럼 만나는 사람이 있으면 그 변화를 감지하고 알려준다. 이런 경우에나 자신의 변화를 알게 되지 스스로 자기 모습의 변화를 자각하기는 어려운 일이다. 살면서 겪는 예기치 못한 일들, 그때마다 당황하거나 황당했던 기억들이 누구에게나 있을 것이다. 전화를 받았던 그 순간에는 딸아이를 웃게 했지만, 마음이 매우 아팠다. 도대체 얼마나 달라졌기에….

네팔의 카트만두에서는 알 수 없는 피부병으로 고생하고, 인도에서는 더위와 벌레, 까마귀 떼, 그리고 황당한 열차까지. 게다가 잦은 파업으로 여당인 주 정부마저 파업하는 초유의 사태까지. 딸은 결혼해서 신랑은 일본, 신부는 인도로 헤어져 각자 공부하느라 혼자 살면서 겪었을 그 많은 어려움을 이겨내고 이제 기쁜 마음으로 향했던 그 길에서 인도는 또 한 번 마지막 선물을 주었다. 그런 과정을 거치면서 미국에 도착해 자리를 잡고 살아가는 딸아이의 어릴 적 모습을 떠올려 본다.

어항 속 금붕어 아가미가 벌어지는 것을 보고는 손으로 끄집어내서 비늘도 뜯어보고 아가미도 열어보고 했던, 논두렁에서 자기 손보다 훨씬 큰 갈색 개구리 두 마리를 양손에 들고는 뒷다리를 돌리며 아파트 계단을 돌아다녔고, 또 어느 날인가 개구리 잡으러 가는 동네 꼬마들 따라갔다가 발이 진흙탕 구덩이에 빠지면서 계속 몸이 물속으로 빠져들 때 어제 사준 새 신발 한 짝을 그 구덩이에 선물하고 살아(?) 돌아온 그 모습도 떠올랐다.

성인이 된 후에도 미국 유학 중에 건물의 모퉁이를 도는데 이상한 물체가 입안으로 정확히 골인(?). 아마도 파리나 기타 곤충이 아니었나 추정되지만, 어떻게 그 시간에 그 높이에서 얼굴의 어떤 부위를 부딪친 것도 아니고 곧바로 입을 통하여 목까지 일격에 진입이 가능한 구강구조를 가졌는지 지금도 이해되지 않는다. 원래 입이 좀 크기는 하지만, 아무튼 그때도 많이 놀랐을 것이고 병원 가서 제거하느라 많이 힘들었을 것이다.

천방지축 뛰놀며 호기심 많았던 어린 시절이 있었기에 어디 가서든 적응하고 참고 이겨내는 힘이 생긴 것이라 여겨지기도 했다. 많은 체험 속에서 어린 시절을 보낸 것도, 인도, 네팔 같은 곳에 가서 공부하게 될 미래를 예행 연습한 것 같은 기분도 든다.

어릴 때, 얌전하지 못하다고 참 많이 야단도 치고 매도 들었는데, 나 혼자서는 절대로 못 할 일을 딸아이는 해냈었다. 외롭고 무섭고 두렵고 힘든 모든 상황을 다 경험하며 그곳 생활을 잘 마쳤던 딸아이에게 "너는 대단한 열정으로 일하는 사람이야, 그리고 이 세상에 꼭 필요한 사람이야"라고 소리치고 싶었다. 그리고 앞으로도 알콩달콩 예쁘게 사는 모습을 계속 보고 싶다.

마녀를 만났을 때 나는 새가 되었다

연말이 되면 '벌써 12월이야'라는 말을 하게 된다. 지난 11월은 그냥 11월이 없는 달력을 걸고 있었던 기분이었다. 마치 도둑맞은 것처럼….

해마다 11월이 되면 학생들에게 영화 Sweet November에 나오는 음악을 들려주었다. 축제도 끝나고 공휴일도 없는, 그저 밋밋하고 숨 쉴 공간이 없어 보이는 잿빛 같은 11월이 달콤 하라는 뜻이다.

그림 형제의 동화에는 대부분 마녀가 등장한다. 그것은 우리 마음의 두 측면 중 한 면일 것이다. 요린데(여자)와 요링겔(남자)이라는 동화에도 마법을 거는 마녀가 있다. 낮에는 고양이와 올빼미로, 밤에는 인간으로 변하는 마녀. 그 마녀는 자신의 성 가까이에 오는 사람들은 모두 마법을 걸어서 꼼짝 못 하게 하고 여자들은 새(鳥)로 만들어 보관하는 취미(?)를 갖고 있다. 마법에 걸린 약혼녀인 요린데를 구하기 위해 사력을 다하는 요링겔이 마법을 풀 수 있는 꽃을 구하여 마녀를 찾아갔을 때, 마녀는 요린데인 새 바구니를 들고 살금살금 도망가다 잡히는 귀여운 구석도 보인다.

그러나 그 마법이라는 것이 언제 어디서나 통하는 것은 아니듯이 마법을 풀 수 있는 붉은 꽃 앞에서는 속수무책이었다. 살다 보면 부딪히는 아무리 어려운 일도 포기하지 않고 노력하면 반드시 해법이 있음을 알려주는 것이리라.

새는 공중에서 휙~ 날아서 지나간다. 땅을 하나하나 확인하며 지나가지 않는다. 그래서 덤벙대기도 하고 뭔가 빠뜨리기도 하고 놓치기도 한다. 신속한 것은 좋지만 너무 서둘다가 낭패를 보는 일도 있다.

자동차의 내비게이션을 보면 평면으로 볼 수 있는 지

도도 있고 버드 뷰(bird view)라는 입체 화면도 만날 수 있다. 발을 땅에 딛고 있는 순간은 평면지도처럼 길 따라 가게 되지만 마법에 걸려 날아다니는 순간은 버드 뷰로 봐야 제대로 보인다. 그러나 계속 날아다니면서 현실에 발을 딛고 다니지 않으면 자칫 실수하기가 쉽고 해야 할 일이나 중요한 일들을 간과하게 된다.

나의 11월이 바로 그런 달이었다. 몸은 움직여서 필요한 공간에 가고 있었지만, 너무 바삐 다니다 보니 내 아니무스가 미처 쫓아오지 못하는 상황 속에 빠져있었음을 깨닫게 되었다. 마녀의 바구니에서 새가 된 나의 아니무스. 큰 대가를 치르고 나서야 되찾은 것처럼 정신이 든다.

일 년 12달을 살면서 현실에 발 담그고 살아갈 때도 있고, 그 현실에서 도피하거나 바빠서 잊은 채로 살아갈 때도 있다. 내가 나를 놓아버린 순간, 마녀가 나타나 새가 되게 하는 건 아닌지 모르겠다. 예전에 가수 싸이가 노래한 것처럼 11월의 나는 '완전히 새 됐어!!'

바쁠수록 돌아가는 지혜와 여유가 필요한 시점이다.

어느 순간 나를 휘감는 '바쁨'이라는 안개 속에서 안개 때문이었다고 말하지 말자. 잘 생각해보면 안개에 갇혔기 때문에 아무것도 할 수 없는 것이 아니고, 안개 때문에 아무것도 할 수 없을 것으로 생각하는 내 마음이 장애를 일으킨 것이다. 즉, 내 마음이 여유를 찾지 못한 탓이다.

또 한 해가 간다. 참 바쁘게 살았던 시간이었다. 내 몸에 12경락과 365혈이 있듯이 나는 일년 12달 365일을 내 몸을 흐르는 에너지의 흐름처럼 잘 보살피고 사랑하고 언제나 그 순간에 깨어있지 못했음을 반성한다. 이제, 남은 스무여 날을 내 안의 마녀가 지닌 고양이의 차가움과 올빼미의 지혜로움, 그리고 사람 냄새가 나는 훈훈함으로 마무리하고 싶다. 그래서 모두 '다사다난했던'이라고 말할 때 멋있게 마음 밭 하나 경작했다고 말할 수 있게 하루가 지닌 가치, 86,400원을 남김없이 아낌없이 후회없이 그렇게 써 보리라. 다음날로 이월되지 않는 순간의 소중함을….

작은 새의 절규!!!

무더운 여름이었다. 뉴스에서는 가장 더웠다는 보도가 있었다. 일과를 끝내고 대나무 자리의 차가운 기운을 느끼며 더위를 잊어보려고 이리저리 뒹굴다가 그 태양의 열기로 사방이 뜨거울 때 만났던 작은 새 한 마리가 떠올랐다.

서대전역에 4시경 도착했을 때였다. 후끈한 기운과 뜨거움에 얼굴을 가리며 역 주차장으로 갔었다. 그런데 마중 나온 친구 자동차의 그 뜨거운 지붕 위에 작은 새 한 마리가 앉아 있었다. 차를 타려다 말고 혹시 어디가 아픈 건 아닌지 싶어서 새 곁으로 다가갔는데 전혀 움직이려

하지 않고 주둥이를 하늘을 향해 쫙 벌렸다.

'아~ 목이 많이 타는 모양이구나' 싶어 차 속에 있는 물을 가지고 다시 갔지만, 전혀 날아갈 기미를 보이지 않고 입(주둥이)을 벌렸다. 그 벌린 입에 물을 부어주었다. 작은 새는 열심히 물을 마셨다. 누군가에게 잡혀 죽을 것 같은 두려움은 이미 놓아버린 지 오랜 것 같았다.

"너 목이 많이 마르고 힘들었구나."

다시 물을 줬더니 받아먹고 또 부어주면 받아먹고 서너 차례 마시더니 주위에 있는 작은 나무 위로 날아갔다. 따라가 보니 작은 나뭇가지 위에서 피곤한 몸을 쉬는 듯이 눈을 꼭 감고 있었다. 한참을 지켜보고 있었더니 감은 눈을 뜨길래 '목마르고 힘들면 또 찾아와'라는 마음의 인사를 하고 돌아왔다.

얼마나 뜨겁고 힘들었으면 더 뜨거운 자동차 지붕 위에서 누군가를 기다리는 듯이 그렇게 절규하듯 입을 쫙 쫙 벌리며 괴로운 모습으로 앉아 있었을까? '작은 새야, 그때 만난 사람이 나여서, 나일 수 있어서 정말 고마워. 그리고 미안해'.

우리 아이들이 필요로 하는 '물'은 아이마다 다르겠지만, 마치 아이들이 뜨거운 태양의 열기에 갈증이 나서 애타게 물을 찾고 있는데 잘못 이해하고 야단을 치거나 비난하는 부모는 없는지, 갈증 난 아이의 마음을 부모들이 잘 이해하고 수용해주는지, 갑자기 그런 생각이 들었다.

오늘 만난 작은 새의 적극적인 몸부림은 많은 것을 느끼게 했다. 얼마나 많은 아이가 자기 일을 스스로 해결하지 못하며 의존적인 태도로 세상을 살고 있는지. 또 얼마나 많은 부모가 아이 스스로 할 수 있는 일을 부모 자신이 대신하며 아이의 손발을 쓸 수 없게 만드는지, 적어도 이 작은 새처럼 갈증으로 날 수조차 없는 상황에서 적극적으로 행동하여 물을 마실 수 있는 용기가 우리 아이들에겐 절실히 필요하지 않을까? 아이에게 성장의 시기마다 적절한 역할을 해주는 것이 좋은 부모 역할이 아닐까 생각했다.

좋은 부모가 되려면 아이가 성장하는 시기마다 적당한 시점에 아이의 손을 놓아줄 수 있어야 한다. 아이가 자신이라는 집을 지을 때 부모는 시멘트에 섞인 물과 같다. 부모가 끝까지 남아서 챙겨주고 간섭하고 함께 하겠다고 하면 과연 어떤 집을 만들 수 있을지, 과연 그 집이 완성될지 걱정스럽다. 벽돌에 바른 시멘트의 물이 적당한 시점에 증발해야 그 벽돌이 단단하게 서로 밀착되고 하나의 벽으로서 또 집으로서 완성된다. 그런데 부모라는 물이 언제고 남아서 떠나지 않는다면, 그리고 그 아이를 계속 보호하거나 간섭하고자 한다면 그 벽돌은 아무리 많이 쌓아도 소용이 없고, 많이 쌓을수록 더 무너지기만 할 뿐이다.

물의 특성상 일정 시간이 지나면 증발하듯이 부모도 아이가 성장함에 따라 물처럼 떠나서 아이가 스스로 해나갈 수 있도록 지켜봐 줄 수 있기를, 자연의 큰 뜻을 알 수 있기를 바라는 마음이다.

작은 새야, 주차장의 그 많은 차 중에 내가 탈 차 위에 있어 줘서 고맙다. 우리가 편히 지내려고 만들어낸 자동차, 에어컨이 이 더운 여름을 더욱 뜨겁게 만들고 네가 마실 물조차 먹을 수 없게 만들었구나. 정말 미안하다. 그리고 건강하게 살면서 우리가 잘못하는 것들을 또 알려주렴. 이미 알고 있다고 생각하지만 실천하는 것은 또 다른 차원인 것 같다. 또다시 만날 수 있기를 바랄게.

언제나 파도는 오고 갈 뿐

오랜만에 글을 쓴다는 것이 이렇게 서툴게 느껴질 줄 몰랐다. 자판 위에 머무는 손가락들이 이미 감을 잊어버린 것 같기도 하다. 지난해에도 글을 쓰고 싶은 마음은 있었지만 한번 훌쩍 떠난 마음이 다시 돌아와 거울 앞에 서는 데 꽤 시간이 걸린 것 같다. 그동안 쓰고 싶었던 글로 다시 문을 열고자 한다.

입시정책이 바뀔 때마다 잡음 없이 환영받았던 적이 있었나 생각해보게 되고 나는 비슷한 사태를 맞닥뜨렸을 때 어떻게 대처했던가를 되돌아보았다. 내 경험을 또 꺼내 보자면, 큰아이는 내신 상향조정(40%)에 수능 연 2회,

본고사 부활에 논술과 제2외국어를 치르며 대학에 가야 했던 마의 94학번이었다. 어렵게 시험을 치르고 들어간(물론 모두가 이런 시험을 본 것은 아니다) 이들이 졸업할 때는 IMF를 맞아 취업이 거의 불가능한 불운의 세대였기도 했다.

그러나 언젠가 신문 기사에서, 그 당시 졸업을 해도 취업할 수 없었던 94학번들이 무슨 일이든 맡기면 해낼 힘을 갖춘 세대로 부상하고 있다는 기사를 읽은 적이 있었다. 위기를 겪고 살아낸 그들에겐 그것을 기회로 만들어내는 강인한 정신과 자신감이 함께 자란 것이다.

둘째는 고1을 잘 마치고 2학년이 되었을 때 갑자기 학생부와 절대평가라는 정책이 등장하여 엄마인 나를 기막히게 했던 기억도 되살아났다. 왜냐하면, 공부를 꽤 잘했던 둘째가 모두 100점을 받게 시험문제를 낸다는 얘기에 공부할 필요가 없다며 놀기 시작했기 때문이다. 사실 중3 때 공부에 큰 매력을 느끼지 못했던 아이가 특목고로 진학하면서 학업에 열중하는 모습을 모처럼 볼 수 있었고 그것이 계속될 줄 알았는데, 입시정책이 바뀜에 따라 아이의 행동에 큰 부정적 변화가 생겼었다.

물론 외부의 자극에 취하는 반응은 자신의 선택이지만, 그 당시에는 너무 속상하고 화가 나서 어디에고 답답한 마음을 하소연하고 싶었던 심정이었다. 정말 이 땅을 떠나고 싶은 심정이기도 해서 입시 문제로 자퇴하려는 학생들의 마음이 충분히 이해되고도 남았다. 당시 나는 어찌할 수 없는 무력감에 억울하기까지 했었다.

첫째가 외부의 자극을 수용하면서 극복한 경우라면, 둘째는 그것에 넘어진 경우라고도 볼 수 있다. 그런 점에서 두 아이 모두 외부 상황에 어떻게 대응했는지에 따라 달라지는 사례를 보여줬다. 한편 막내는 어떻게 보면 내외면으로 복합적인 양상으로 나타났는데, 입시정책이 아니라 누나에게서 느꼈던 상대적인 열등감을 극복하지 못해 힘들어했던 경우였다. 힘듦의 강도가 심해서 죽음을 들먹일 정도였지만, 참고 때를 기다린 막내에게도 그만한 보상이 함께 기다리고 있었다.

예전에 어디서 들은 얘기가 생각난다. 한 무리의 죄수(여기서 죄수란 시대적 상황에 따라 죄수가 될 수도, 주인이 될 수도 있는)들이 자기 키의 몇 배나 되는 십자가를 어깨에 메고 피를 흘리며 맨발로 가시밭길을 걸어가고 있었다. 그중 한 명이 꾀를 내어 자신이 메고 가던 십자가를 들고 가기 좋을 만큼의 길이로 잘라 버렸다. 메고 가기 훨씬 편안해진 죄수가 “야! 너희들도 잘라버려! 얼마나 편하다고. 아유~ 바보들. 이렇게 좋은 걸 왜 생고생을 하냐.” 그러나 다른 일행들은 너무 편해진 녀석의 야유를 받으면서 그 고통을 감내하며 계속 길을 걸어갔다. 얼마를 더 걸어갔을 때 아래는 아찔할 정도의 벼랑이고 더는 갈 수 있는 길이 끊어진 절벽에 다다랐다. 바로 눈앞에는 다리만 있으면 건널 수 있을 만큼의 틈이 있었다. 그 틈을 건넌다면 완전히 자유인이 되는 막다른 선택의 순간이 기다리고 있었다. 모진 고통을 참으면서 십자가를 메고 온 이들은 십자가를 벌어진 틈에 올려서 건너갈 수 있었다. 그리고 마음껏 자유로움을 누릴 수 있는 세상으로 나아갔다. 하지만 현재의 고통을 참지 못해 한 치 앞도 내다보지 못한 죄수는 그곳에서 죽을 수밖에 없었다.

비록 지금 나에게 불이익이 있다고 느껴질지라도 자신이 가고 있는 삶의 길에서 어떤 의미로 그런 일이 자신에게 일어났는지를 생각해본다면 답은 훨씬 더 가까이에서 쉽게 찾을 수 있다. 눈앞의 불이익 때문에 최선이라고 선택한 행동이 자신의 성장을 방해할 수 있다는 것을 알아야 한다. 나비의 성장 과정도 그렇다.

나비는 번데기 시절 껍데기를 깨고 나와 하늘을 날 힘을 준비하는데, 번데기가 껍질을 벗으려 안간힘을 쓰는 모습이 안타까워 외부에서 껍질을 벌려 주면 껍질에서 나오는 순간 나비는 결국 날지 못하고 그대로 추락하여 죽어버린다. 왜냐하면 나비는 껍데기를 깨고 나오려고 노력하면서 날개의 힘을 키우기 때문이다.

자녀가 잘못된 선택을 했을 때 도움을 줄 수 있는 지킴이가 부모이고 그게 바로 부모의 역할이다. 지금의 불이익을 피하고자 취하는 순간의 행동이 자녀가 키워야 할 힘을 키워주지 못하고 오히려 빼앗는 우를 범하게 될까 봐 우려된다. 지금 이 순간 내 자녀 앞에 닥친 일들은 더 튼튼한 날개를 갖기 위해 껍데기를 깨고 나오려는 시련일지도 모른다고 생각하자.

비단 이 문제는 이번만의 문제가 아닐 것이다. 입시정책이 바뀔 때마다 불안해하며 마음을 잡지 못하는 입시생과 부모에게 언제나 해당하는 사안이기도 하다. 입시정책이 자주 바뀌는 것도 문제지만 바뀔 때마다 흔들리는 학부모와 입시생은 밀려오는 파도를 보며 그것이 전부인 양 스스로를 파도 속으로 휘말려 들게 한다. 하지만 파도는 일시적인 현상이고 부분이며, 바다는 언제나 그 자리에 그냥 있다. 이 세상이 존재하고 바다가 존재하는 한, 언제나 파도는 밀려오고 밀려갈 뿐이다.

누군가 인생의 길은 그 길을 지나간 다음에야 보인다고 했다. 지금, 이 순간도 인생을 되돌아보면 한때 머릿속으로 파도를 잡을 방법만 찾아 헤맨 일들이 생각나면서 당시에 아이들의 내면에 그 파도를 넘을 힘을 길러주지 못한 점이 후회로 남아있다.

바다, 그 전체를 보자. 그 속에 일어나는 파도는 아주 작은 부분일 뿐이다.

아들 논산 유학 보내고

아들은 많은 깨달음과 기다림을 내게 가르친 내 인생의 두 번째 스승이다. 참 많은 이야기가 하고 싶어진다. 딸 둘을 낳고 얻은 아들이라 남편의 기쁨은 상당히 컸다.

2살 때던가, '바람 바람 바람'이란 노래가 라디오에서 나오니 하던 행동을 멈추고 알 수 없는 저만의 언어로 몸을 위아래로 흔들며 음악에 빠져들었던 아이. 집에선 잘 먹고 잘 지낸 것 같은 아들의 사회성 편식을 알아챈 건 어린이집(?)을 가면서부터였다. 그러나 그땐 대수롭지 않게 생각했다. 새로운 곳에 보내려면 쉽지 않은 전쟁을 해야 했으며, 당연한 거라 생각했다.

참 많은 일화 속에 초중고를 마치는 동안, 이루 다 말할 수 없지만 하나밖에 없는 아들의 학벌을 초졸로 그칠까, 중학교 중퇴로 끝내야 할까 고민했던 순간도 여러 번 있었다. 충격적이었던 일은, 어느 날 아들이 중학교에 다녔던 기억이 없다고 고백했을 때였다.

많은 부모는 자녀가 힘들지만, 학교에 잘 다닌다고 생각할 것이다. 그러나 자녀의 심리적인 시간은 괜찮은지 점검해 볼 필요가 있다. 아들의 이런 고백도 자신 안에 그 일들을 기억해서 말로 표현해도 괜찮을 만큼의 힘이 생기고 난 뒤에 가능했다. 그저 기억하고 싶지 않아서 무의식 저편으로 던져졌던 일들이 아직도 자신을 괴롭히고 있음을 알게 되면서부터다.

늦은 나이에 시작한 공부, 나의 장기 내담자였던 아들을 계속 상담해 오면서 더는 도와줄 수 없는 부분에 대해 미안함과 안타까움이 늘 있었다. 그러다 아들에게 모래놀이 치료를 시작해 보았다. 물론 아들의 저항도 만만찮았다. 학교생활의 시간도 빠듯한데 다른 시간을 낸다는 것이 무리였지만 나중에는 기꺼이 와 주었다.

모래는 우리보다 훨씬 이전부터 존재해온, 얼마나 오랜 세월을 담고 있을지 모를 만큼의 장구한 세월을 품고 있는 물질이 아닌가 싶다. 그 모래는 바다와 육지가 만나는 장소인 해변에서 주로 볼 수 있다. 상징적으로 무의식인 바다와 의식인 육지의 만남이 이루어지게 하는 장소. 그 모래를 통한 치료는 아들을 무의식 저편의 기억으로부터 끌어냈다.

모래놀이 후, 얼마간의 시간이 지나 아들의 모래 상자가 변화를 가져온 어느 날, 기숙사로 돌아가려고 현관 앞에 섰던 아들이 “엄마 이제야 말할 수 있을 것 같아요.” 그런데 지금은 시간이 없으니 다음에 말하겠다는 아들에게 “네가 지금 그냥 가면 엄마는 너무 궁금해서 잠을 잘 수 없을 것 같다.” 내용이 좀 길어서 그냥 대강 말씀드린다며 이야기를 시작했다.

“내가 중학교에 다닌 기억이 없다고 한 것은 너무 무서웠기 때문이에요.” 덩치 크고 약간은 불량스럽기까지

한 아이들에게 자주 폭행을 당했다는 것이다. 나는 그 순간 너무 놀라 할 말을 잃었다. 시험 때는 늘 협박받았다고 했다. 보여주지 않으면 어떻게 하겠다는 식으로….

내 아들은 무척 템포가 느리다. 아마도 자기 답안 쓰기도 시간이 부족했을 녀석이, 누군가를 챙겨서 답을 보여줄 만큼 빠르지도 꾀를 쓰지도 못했을 녀석이 시험이 끝나면 그 아이들에게 붙들려가서 조인트를 까이며, 얼마나 아팠는지 그냥 주저앉았다고 했다.

나는 얼른 아들의 손을 잡았다.

"아들아, 고맙다. 잘 참고 견뎌주어서, 그리고 이렇게 내 앞에 있어 주어서" 당시, 내가 알았더라도 어떻게 해줄 수 없었을 그 일에 대한 고백을 들으면서 무력감이 밀려왔다. 내가 내 아들에 대해 뭘 안다고 할 수 있을까? 과연 내 자식이라고 다 아는 걸까? 내가 아들에 대해 안다고 생각하는 내용은, 그저 일상에 드러난 이야기를 하고 있을 뿐이라는 자각이었다.

상상조차 해보지 않았던 일이 내 아들에게 일어나고

있었는데 엄마인 나는 전혀 몰랐다. 아마 아들이 공부를 꺼리는 이유 중에는 학교 가는 데 대한 두려움과 공포가 자리하고 있었을 것이다. 그 사실이 대학에 들어가서도 공부를 한다는 것에 대한 거부감으로 나타났다. 그래서 아주 어릴 때부터 들어오던 "엄마 이번 시험은 포기해야겠어요. 다음에…." 이런 말이 대학에 가서도 계속되었다.

"너, 정말 끈기 있다. 그런 끈기면 못 할 일이 없겠다."

한바탕 웃고 말지만, 근본적인 해결이 되지 않아서인지 신나게 잘 놀다가도 시험 때만 되면 달라진 목소리로 '이건 내 적성에 안 맞는다.' '이건 내가 원하는 일도 선택한 일도 아니다.'라며 포기에 가까운 말을 서슴지 않았다. 기가 막혔지만, 네가 정말로 하고 싶은 일을 지금이라도 하라고 하면 지금은 또 때가 아니라고 했던 녀석이었다.

그러나 모래놀이가 진행되었던 시기에는 놀라운 일들이 일어났다. 시험 때마다 듣던 불평도 사라졌고 시험 기간임에도 오히려 엄마인 내 건강을 염려하는 전화를 해왔다. 처음 있는 일이었다. 남편도 아들이 이상하다고 말했다. 분명히 힘들다고 해야 하는 상황인데 너무 밝고 힘이 있어 보이는 아들을 보고 고개를 갸우뚱거렸었다.

그 아들이 드디어 대학을 졸업하고 국가고시를 보고 치과의사가 되어 훈련받기 위해 논산으로 떠나던 날, 전날 빡빡 깎은 머리를 나에게 디밀 때는 어릴 적 밤톨 같았던 그 모습이 생각났다. '아들 논산 유학' 이렇게 달력에 적었었다. 다시 아들을 한 달간 유학 떠나보낸 엄마의 마음이었다.

앨빈 토플러는 미래의 문맹은 글을 읽지 못하는 사람이 아니라 배우는 방법을 배우지 못한 사람이라고 했다. 다행히 아들은 자신의 아팠던 경험을 통해 배우는 방법을 알게 된 것 같아 그것이 기뻤다.

늘 아들에게 미안하고 아들을 생각하면 가슴이 아려옴을 느꼈었는데, 이제 당당할 수 있는 아들을 보면서 엄마의 역할에 커튼을 내려야 한다고 생각했다.

내가 연구소에서 부모교육을 할 수 있는 자격은 분명 어떤 기관에서의 연수 과정을 통해 획득한 것이었다. 그러나 나에게 진정으로 부모 자격 라이선스를 준 것은 나의 세 아이다. 우리는 객관적으로 인정받을 수 있는 자격을 따는 데 심혈을 기울이지만, 인간을 기르는 일은 그저 객관적인 자격증을 받는 것으로 끝나는 것이 아님을 내 아이들 특히 내 아들은 직접적으로 가르쳐 주었다. 내가 엄마로서 연습밖에 할 수 없었던 아이들은 이제는 모두 내 곁을 떠났지만, 그 경험들을 아직도 힘들어하는 부모와 자녀들을 위해 나눌 수 있음에 감사드린다.

머리를 빡빡 깎은 아들의 웃는 얼굴이 선연하게 그려지며, 중학교 때의 모습과 오버랩된다. 이제는 그때와는 확연히 다른 그 모습을 보면서 싱클레어가 느꼈을 데미안을 떠올려 본다.

다 키우려면, 돈 마~이 들겠다!

어느 중년 부부의 이야기이다. 햇볕이 따스했던 일요일 부부는 등산을 갔다. 모퉁이 조그마한 산길을 돌아서는데 세 아이를 데리고 온 한 가족이 앞서가고 있었다. '아유~ 예뻐, 올망졸망 너~무 귀엽다. 그런데 내 아이들은 다 어디로 갔지? 나에게도 저런 날들이 있었는데….' 아내가 생각에 잠겨 있는 그 순간, 남편이 큰 소리로 말했다.

"아이고, 우리처럼 세 마리나 되네. 조것들을 다 언제 키우지, 다 키우려면, 돈 마~이 들겠다."

비가 부슬부슬 내리던 날, 저녁을 먹고 가까운 공원으로 차를 타고 드라이브를 갔다. 언제나 가는 길이었지만 그날은 비가 와서 그런지 여느 날과는 사뭇 다른 느낌을 받았다. 그도 그럴 것이, 차 안에는 감미로운 음악이 흐르고 안개가 자욱이 드리워진 길 위로 가로등 불빛에 비친 빗방울들이 마치 요정이 뿌리는 마술 가루 같아 보였다.

'아, 너무 아름답다. 천상으로 가는 길이 이런 느낌일까?' 아내가 행복한 순간에 잠시 머물려는데, "비 피해는 없을까? (잠깐 쉬었다가), 추수는 다 끝났나?, 농작물 피해는 없을까?" 남편의 우렁찬 목소리에 화들짝 놀라 제정신으로 돌아왔다.

등산을 가면, "오늘은 정상까지 몇 분만에 주파할까?" 남편의 말이다. '꼭 정상까지 가야 하나? 그냥 도란도란 얘기하면서 가다가 경치가 좋은 곳에서 잠깐씩 쉬고 그러면 안 되나?' 아내는 생각한다. 그래서 같이 갈 수 없다. 언제나 기록에 도전하는 남편과 등산을 같이 간다는 것은 무리다.

그로부터 십여 년이 지난 어느 날 산길에서, 언제나 도망가듯 혼자 달아나던 남편이 몇 걸음 가다 서서 기다리고 아내가 다가가면 또 앞서가고…. 너무 신기해서 "여보 오래 살다 보니 우리 걸음이 맞춰지네." 아내는 남편의 배려에 감동해서 말했다. "내가 이제 힘이 달리니까 그렇지." 아무 말 없었다면 정~말 행복했을 것이다.

어느 날 남편과 차를 타고 이동하던 중이었다.

"도대체 이게 무슨 소리야. 신경 쓰여 운전 못 하겠네."

"여보, 무슨 소린데 그래?"

"당신 안 들려? 지금 뭐가 부딪히는 소리, 짜증 나."

"무슨 소리가 들린다고 그래, 아무 소리도 안 나는구먼." 갑자기 차가 정지하자 무슨 소리가 들렸다.

"아, 알았다. 트렁크 속 바구니에 캔 커피를 넣어 뒀는데 개들이 부딪히는 소리네. 그 소리가 그렇게 싫어?"

"정말 싫어."

"아유, 쟤들 바구니에서 엄청 재미있게 놀고 있네, 이렇게 생각하면 안 될까? 당신이 요즘 힘든 일 때문에 예민해져서 그런가 봐."

"아니, 당신은 무슨 궤변을 늘어놓고 그래. 그렇게 말도 안 되는 소리를 하고 싶어?"

"여보, 궤변이라고 생각하는 당신의 발달하지 않은 쪽 기능을 사용해야 할 때야. 그래야 통합된 원만한 나를 가꿀 수가 있대."

"나도 노력 중이야. 당신 같은 기능을 기르려고."

같은 상황이라도 서로 지각하는 방식이 아주 다르고 같은 말을 해도 서로 통역이 필요할 때가 있다. 그래서 아무것도 아닌 일로 서로 침을 튀기며 설명하고 아주 사소함에 자존심이 상해 상대를 이해시키려다 결국은 아이들이 가장 싫어하는 부부싸움을 하게 된다. 그때는 주변에 있는 자녀들은 안중에도 없다.

부모가 싸울 때 상처받은 마음을 표현한 시이다.

엄마 아빠 싸울 때 아빠 말씀은
하나하나 가시되어 엄마 가슴 찌르고
아빠 엄마 싸울 때 엄마 말씀은
하나하나 바늘 되어 아빠 가슴 찌르고
그러나 아무도 모를 거야
엄마 가시, 아빠 바늘 우리 가슴 찌르는 것을

이 시는 중학교 1학년 강진영 양이 쓴 것이다. 부모가 자신들 생각만 하고 싸울 때 이처럼 멍드는 어린 가슴이 있다. 마음이 매우 아프다. 이제는 서로 다름을 인정하고 이해하면서 대화할 수 있기를 바란다. 사랑이란 이름으로 서로 보듬어 주기를 기도한다. 함께 할 날이 그리 길지 않다.

어부의 아내와 로또 복권

작은 바닷가에 가난한 어부와 그의 아내가 살고 있었다. 어느 날 어부의 낚시에 말하는 물고기가 올라왔다. 자신은 마법에 걸린 왕자라며 놓아달라고 간청했다. 어부는 놀라서 놓아주었다. 또 빈손으로 돌아온 남편이 오늘 일을 말하자, 아내는 화를 내며 남편을 바닷가로 쫓아 보냈다. 근사한 집을 지어달라는 부탁과 함께….

물고기에게 소원을 말하고 돌아왔을 때 어부는 아름다운 자기 집에 놀랐지만, 아내가 이것으로 만족하며 잘 살기를 바랐다. 하지만 며칠이 지나자 아내는 성(城)을 갖고 싶어 했다. 물고기에게 한 번 더 부탁하기가 너무 힘들었지만, 아내의 성화를 견딜 수 없어 바닷가로 나가야 하는 일이 계속되었다. 그다음에는 왕이 되었고, 또 그다음에는 황제가 되고 싶어 했다. 황제가 된 후에도 아내의 마음은 여전히 허전했다. 이젠 다 이루었다 싶으면서도 뭔가 개운치 않았다. 그날 밤, 아내는 밤새도록 뒤척였다.

날이 밝자 그녀는 해와 달을 마음대로 주무르는 신이 되기로 했다. 바닷가로 쫓겨온 남편이 폭풍으로 흔들리는 배 안에서 간신히 몸을 지탱하고 부들부들 떨면서 물고기에게 아내의 소원을 말하고 집으로 돌아왔을 때 아내는 예전의 그 허름한 움막에서 남편을 기다리고 있었다.

〈어부와 그의 아내〉라는 동화 내용이다. 모든 구전되어온 동화에는 시대가 아무리 흐르고 변하여도 변치 않는 인간의 영혼의 뼈대가 녹아 있다. 그래서 오늘날까지 전해져 교훈을 주는 것인지도 모른다.

로또의 광풍이 많은 선량한 사람들을 집어삼키고 있다. 한두 번은 호기심 때문에 참여하는 때도 있다. 그러나 어부의 아내처럼 욕심이 욕심을 낳을 때는 결국, 패가망신하는 길로 들어간다.

어부의 아내가 처음 상태로 돌아왔으니 본전(?)이라고 생각할 수도 있겠지만, 사람들의 습관이란 편하고 쉽게 살 수 있는 방향으로는 노력하지 않아도 금방 길이 든다.

호사스럽고 분수에 맞지 않는 삶을 살았던 어부의 아내가 원래의 모습으로 돌아왔을 땐 예전의 그녀가 아니었고 마음껏 즐기고 하인을 부리며 호화롭게 살았던 그 시간을 그녀의 몸이 더 오래 기억하기 때문에 그녀의 삶은 예전과 같지 않고 더 괴로울 것이다. 1등 당첨을 위하여 매번 복권을 사고 또 일확천금을 꿈꾸는 일이 어부의 아내가 갖는 허황한 욕심일 것이다.

개구리가 올챙이 적 기억을 안 하는 것인지, 못하는 것인지는 모르겠지만 사람의 심리도 경우에 따라선 좋지 않았던 자신의 과거 기억들은 지우고 싶거나 쉽게 잊어버리고 잘나가는(?) 오늘만 있었던 듯이 행동한다. 그리고 가질수록 더 많이 가지고 싶어 한다.

그 오늘을 위해서 과거를 거울삼아, 역경에 맞서 땀 흘리며 일했다는 성공한 사람들의 일화와는 달리 한탕 요행을 바라는, 노력 없이 얻으려고 하는 마음만 가득하다. 따라서 노력 없이 번 돈이니 쉽게 쾌락을 위해 또는 감각적인 어떤 것들을 위해 써버린다. 청소년들이 로또에 관심을 두고 눈앞의 이익이나 쾌락을 추구하는 데 그들의 관심을 쏟는다면 이건 분명 우리 어른들이 책임져야 할 일이다.

얼마 전 로또 대박을 맞았던 분의 기사를 보면, 갑자기 달라진 현실이 두렵기도 하지만 부모님이나 형제들에게 뭔가 해줄 수 있다는 사실이 기쁘다고 했다. 그 초심을 잃지 않았으면 좋겠다. 그분의 딸아이가 "우리 엄마, 이젠 놀러 다녀요."라고 말한 것처럼 당첨자의 아내는 돈 버는 일을 더는 하지 않아도 되게 되었다. 그러나 이제는 버는 일 이상으로 잘 관리하는 일이 어려움으로 남을 것이다.

어부의 아내가 처음 집(복권)을 받았을 때 만족하고 감사하며 잘 관리했더라면, 아마 한꺼번에 모든 것을 잃는 일은 없었을 것이다.

잘 쓰는 일은 매우 중요하고 어려운 일이다. 많은 재산을 믿고 자식들이 애써서 일하려 하지 않거나 자신의 미래에 대한 계획이나 노력하지 않는다면 이 또한 돈(물질) 때문에 빚어지는 폐해가 된다.

한편으론 땀 흘려 벌지 않은 돈이 오래 지켜지지 않을까 봐 염려스러운 마음도 있을 것이다. 그래서 잘 지키고 관리하는 일은 버는 고통 이상일지도 모른다. 우선 즐거워서 못 느낄 뿐인 그런 고통이 한참의 시간이 흐른 뒤에 나타나서 고통이 되지 않도록 지혜롭게 처신해야 한다.

갑자기 찾아온 행운! 이 얼마나 기쁘고, 지켜보는 사람들에게는 부러운 일이겠는가? 이러한 부러움이 온 대한민국을 복권의 소용돌이 한가운데에 있게 했다. 그러나 약 840만분의 1의 확률로 자신을 내던지는 무모함보다는 작고 사소하더라도 더 생산적인 일에 자신을 던지는 것이 스스로에게나 자식에게도 떳떳하고 보기 좋은 모습이 될 것이다.

우리는 과거에 발목이 잡혀서 현재의 삶이 휘둘려서는 안 되지만 못살았던 과거를 잊고자 또 그러한 삶에서 벗어나고자 자꾸 물질 만능인 세상을 꿈꾸다 보면 아마 그 기차의 종착역엔 영혼을 팔아 육신의 쾌락을 좇는 사람들의 도시, '파멸의 역에 오신 것을 환영합니다.'라는 글귀와 만나게 될 것이다.

우리 안에는 어부처럼 삶에 안주하며 시키는 대로 하고픈 나와, 어부의 아내처럼 끝없는 탐욕으로 빠져들려는 나, 그리고 마법을 가진 물고기 같은 내가 모두 있다. 하지만 탐욕의 마음들이 생길 때마다 흔들리고 휩쓸리면 마침내 온전한 나는 존재하지 않을 것이다. 복권 당첨은 마법을 가진 물고기의 작용이었을까? 남아있는 다른 마음들이 다투거나 질투하지 않도록 잘 다스리는 일은 당첨만큼이나 어려운 일이면서 중요한 일이다. 내가 누구인지 지금 어떤 마음에 사로잡혀 있는지 정신 차리고 자신을 바라보고 굳건히 잘 지켜나간다면 아무리 거센 로또의 광풍이 휘몰아쳐도 그 자리에 나로서 우뚝 서 있을 것이다.

어부의 아내가 원했던 해와 달을 주무르는 그 신은 힘 있는 누군가가 만들어주는 것이 아니라 바로 현재의 나 자신이라는 것도 더불어 알게 될 것이다.

이상한 부부 이야기

며칠 전, 장마의 끝을 보여주려는 듯 폭우가 내렸다. 순식간에 하늘이 시커먼 구름으로 뒤덮이고 앞이 안 보이게 비가 내렸다. 그게 전부인가 했더니 자신의 존재를 알리려는 듯 강력한 천둥 번개가 쳤다. 그리고는 잦아들어 베란다 난간에 고인 물방울들이 말끔해진 대지를 호흡하는 듯했다.

평소에도 그렇지만 요즘처럼 이렇게 더운 날이 계속되면 화가 나고 짜증이 나기 쉽다. 사소한 일에도 서로 부딪힌다. 부딪혀서 소리가 나는 건 상대를 해주기 때문이다. 한쪽이 화가 나서 길길이 뛰면 다른 한쪽이 그 순간만은 참든지 가만있는 것이 현명한 대처일 텐데, 우리는 그렇게 하기가 너무 어렵다.

참지 않고 맞대응하기 때문에 문제가 커지고 예전 일까지 들먹이며 다시 안 볼 것처럼 싸운다. 끝까지 갈 데까지 가는 사람들도 있다. 실제로 들어 보면 사소한 일에서 출발했지만, 그 순간마다 풀지 못하고 쌓아뒀던 일들이 그렇게 자기 안에 퇴적물처럼 쌓이다 끝내 화석이 되지 못하고 폭발하는 것이다. 말이 그렇지, 화석이 된다는 것 자체가 말이 안 되는 일이다. 그게 잘 굳어서 내보일만한 화석이 되려면 한 사람이 거의 성인의 경지에 오르든지 죽든지 할 일이기 때문이다.

예전에 신문 기사에서 동물원 나무늘보 부부에 관한 기사를 읽은 적이 있다. 1년을 한 우리에서 지냈지만, 새끼는커녕 매일 싸우고 으르렁거려서 유전자 감식을 했더니 두 녀석 다 수컷으로 판명되었다고 한다. 나무늘보는 생식기가 감추어져 있어서 맨눈으로 구별할 수 없다고 쓰여 있었다. 해도 너무 하지 마음에 들지 않는 남자끼리 넣어놓고 아이 낳으라고 한 꼴이니….

우리 부부도 그렇게 싸웠고 지금도 가끔 싸운다. 싸웠다기보다 거의 일방적인 폭발에 묵언의 저항이었다. 그러나 참았다가 기회가 오면 엄청나게 따진다. 그러나 이 모든 것이 방법이 어떻든 마치 이 나무늘보처럼 우리 부부가 아직 미분화된 심적 상태를 가지고 있어 그랬을 것이다. 다시 말해 나무늘보 부부처럼 부부로서 살 자격이 없는데 부부가 되어 미성숙한 채로 살아왔기 때문이리라. 지금도 분화해 나가느라 노력 중이지만 정말 어려운 일임을 살아갈수록 느낀다.

남자의 내면에는 '아니마'라는 여성적인 인격이 있고 여자의 내면에는 '아니무스'라는 남성적인 인격이 있다. 그래서 부부 일심동체가 아니고 일심일체가 되어 서로 동등한 자격을 유지해서 결혼해야 건강한 삶을 살 수 있다고 한다.

남성이 자신의 내적인 여성과 관계를 잘 맺지 못하면 실제 부인과 건강한 관계를 맺기가 어렵다. 아니마가 단

절되면 경직된 사고를 하게 되고 다른 사람과 좋은 관계를 맺기가 어려워진다. 또한, 우울해지고 변덕스러워지며 기분에 좌우되기가 쉽다. 자기가 하고 싶은 대로 하든지 아니면 너무 외부 세계만을 쫓다가 집에 있는 아내는 그 스트레스를 견디지 못하고 우울과 같은 심인성 질환에 걸려 불행한 결과를 초래하기도 한다.

즉 자기 내면으로 눈을 돌리지 못하고 바깥 세계만을 탐하려고 하면 결국 자신의 입신출세와 명예, 돈을 얻을진 모르지만, 너무나 황폐해진 마음 밭에서 아무것도 거둬들일 게 없어질 것이다. 그러나 아니마를 잘 분화 발달시키면 무한한 창조의 샘을 얻게 된다.

한편, 여성도 자신의 내적인 남성, 즉 아니무스가 분화되지 않으면 왜곡된 사고를 하고 있으면서도 매사에 자기 생각이나 의견만이 옳다고 주장하게 된다. 또 부부싸움을 하면 상대가 손을 들 때까지 끝까지 따진다. 이때 남성은 변덕스러운 감정을 주체하지 못하면서 주먹을 휘두르게 된다. 여성도 아니무스에 지배당하면 활달한 남성처럼 행동하면서 내면의 남성(아니무스)과 자신을 동일시하여 외부 세계의 남성과 경쟁하게 된다. 또, 학문의 영역에 빠져서 남성과의 결혼보다는 책을 선택하는 경우도 그러하다고 볼 수 있다. 그래서 남성보다 더 일을 잘하고 추진력 있는 여성이 되지만 진정한 여성성은 잃어버린 상태가 될 수 있다.

여성이 자신의 부정적 아니무스를 분화시키는 방법은 자기 생각이 옳다고 판단될 때 그것이 객관적으로 옳은 것인지를 살피는 마음의 자세가 필요하다. 생각난 말을 그대로 쏘아붙이기보다는 한 번 더 생각할 수 있을 때 사고의 깊이가 생기면서 좀 더 객관적인 눈으로 자기 자신과 상대를 바라볼 수 있게 될 것이다.

아니무스가 잘 분화되면 우선 당당하고 용기가 생기며 매사를 긍정적이고 객관적으로 볼 수 있다. 또한, 내면에서 진정한 힘이 솟아남을 경험하게 될 것이다. 그렇게 각자 자신의 인격에 깊이를 더 할 수 있는 작업을 끊임없이 할 때 가장 자기다운 사람으로 살아갈 수 있다.

하늘이 시커멓게 되고 천둥 번개가 칠 때 아무도 나와서 하늘을 보고 시비를 걸지는 않을 것이다. 우선 오는 비를 피하고 우르릉 쾅쾅 소리에 놀란 가슴을 쓸어내렸을 것이다. 지나가는 비바람이나 천둥 번개에는 아무 말 없는 사람들이, 검은 머리가 파뿌리 되도록 살겠다고 맹세했던 사람들이, 너 없이는 못 살겠다며 한집에 살게 되었으면서 이제는 너만 없으면 살겠다고 아우성친다. 그러나 모든 답은 자신 안에 있다. 단지, 그 답을 자기 안에서 보기가 두려울 뿐이다.

아이들 눈높이엔 어른들의 엉덩이만

지난 반년 나의 감성은 잠들어 있었다. 마치 네모난 창으로 밖의 세상을 접할 수밖에 없는 날들이 끔찍하게 느껴지던 순간들도 있었다. 좋아하는 음악, 영화, 보고 싶은 책 그리고 전시회…. 모두 정지되어 있었다.

언젠가 인사동으로 갔다. 그곳 선(sun) 갤러리에서는 마르크 샤갈 전이 열리고 있었다. 우리가 흔히 알고 있는 샤갈의 눈 내리는 마을은 없었지만 거의 한 세기를 살았던 샤갈의 작품들은 현실과 이상을 마음껏 넘나들었던 그의 무의식의 실현이었다.

이번 여름방학에는 미술관 나들이하면서 자녀와 대화

의 시간을 가져보는 것은 어떨까. 샤갈의 정형화되지 않은 그림을 보면서 마음껏 주고받는 이야기는 아이들의 감성을 깨워줄 것이고 또한 한편의 동화가 될 수도 있을 것이다. 어떤 형식이나 학교 교육에서 원하는 정답이 없는 그의 그림은, 부모의 경직된 사고에 유연성을, 아이들에게는 공부로 억눌린 마음을 활짝 열어 펼칠 소중한 기회가 되지 않을까?

'나는 그림을 잘 모르는데'라는 편견에 자신을 밀어넣기보다는 있는 그대로, 보이는 만큼만 보면 된다. 남들이 뭐라고 하는지 신경 쓸 필요가 없다. 샤갈의 그림이 보여주는 파격적인 상상력은 자녀들에게 그들의 감추어진 세계를 끌어내게 할 수 있는 촉매제의 역할을 하리라.

분석심리학자인 칼 융은 자신의 삶은 무의식이 그 자신을 실현한 역사라고 말한다. 내가 본 샤갈도 그의 삶이, 그의 작업이 끝없이 자신의 무의식 세계를 의식화해나가는 과정이었다는 생각이 든다. 자신이 알고 있는 나와 모르고 있는 나를 그대로 그림 속으로 쏟아낸 샤갈은 참 행복한 사람이라 여겨진다. 그래서 그렇게 오랜 시간 좋아하는 일을 하면서 살 수 있지 않았을까 싶다.

현실 세계에 드러나 있는 것만을 보지 않고 그 이면의 세계를 자신의 화폭에 그대로 드러내어 현실과 꿈꾸는 세계를 그대로 표출한 샤갈의 그림은 그의 그림이 안고 있는 상징 같은 것은 제쳐두더라도 보는 이의 마음에 따라 다양한 이야기의 장이 된다.

샤갈을 보면서 방학 숙제 정도로 생각하거나 그저 샤갈 전에 갔었다는 '건수' 올리는 정도의 불행한(?) 생각은 하지 않기를 바란다. 또한, 아이들의 질문에 당황하거나 정답을 말하려고 애쓸 필요도 없다. 아이들과 코드를 일치시키고 그들과 키를 나란히 하면 된다. 눈높이란 말이 나온 경위도 비슷한 출발점을 가지고 있다.

한 어머니가 크리스마스트리가 아름답게 장식된 붐비는 거리를 아이와 걷고 있었다. 이렇게 멋있는 성탄의 거리를 아이에게 보여주는 것은 대단한 축복이며 좋은 추억을 만들어주는 것이라 생각하면서…. 아이의 신발 끈이

풀어져서 묶어주려고 무릎을 구부리고 앉았다가 고개를 들었을 때 그 어머니는 깜짝 놀라지 않을 수 없었다. 자신에게 그렇게도 황홀하고 아름답게 보였던 성탄절의 거리가 아이의 눈높이에는 어른들의 엉덩이만 보였기 때문이다.

예술 작품을 감상한다는 것은 감성을 자극하는 일이다. 어머니의 생각대로 자녀의 가슴에 수를 놓아 머리에 꽂는 일은 이제 그만두어도 좋지 않을까? 아이 스스로 느껴 환히 밝아오는 가슴을 느낄 수 있도록 도와주자. 아이들이 글로 적어서 머리로 이해하는 감상은 잠시 접어두기로 하자.

나는 그림에 대한 전문가도 아니고 깊이 아는 것도 없다. 단지 나에게 보이는 것만을 느끼고 만족한다. 그림을 보면서 나만의 이야기를 만들기도 하고 때론 어떤 선율을 느껴 보기도 한다.

샤갈을 보면서 아이들에게 이것이 무엇인가를 알게 하는 질문보다는 가슴으로 느껴 살아 숨 쉬게 하자. 어른이 그 나이만큼 더 많이 느끼는 것은 아니지 않은가? 지금까지와는 다른 각도에서 아이들을 바라보는 연습을 하자. '샤갈을 본다는 것, 그리고 샤갈을 말한다는 것 자체가 행복한 경험'이었다고 말할 수 있도록….

울음 끝에서 슬픔은 무너지고

새들이 알을 낳아 새끼가 되도록 키우는 곳, 그곳을 우리는 둥지라 부른다. 인간도 가정이란 둥지에서 자식을 낳아 이들이 제대로 잘 성장하기를 바라면서 정성으로 자녀들을 키운다. 그러나 그렇지 못한 경우에는 얼마나 힘이 들까?

외톨이 외동이 친구 사귀기 프로그램인 청소년 '너나들이 캠프'에 가기 위해 경기도 용인에 있는 둥지 골을 찾았다. 그 둥지에서 아이들이 자기 껍질을 부수고 나올 수 있도록 더위의 한 가운데서 지켜보며 도와주며 기다리고 있었다.

내가 의도한 대로 내 바람대로 자녀가 자라준다면 얼마나 기분 좋은 일일까? 하지만 이 세상에는 내가 의도한 대로 자라주는 맞춤형 자녀는 존재하지 않는다. 있다면 그것은 인형이나 로봇 또는 병든 아이일 것이다. 모르지, 점점 기상천외해지는 과학의 발달로 주문생산 자녀가 영화 말고 실제로 태어날지….

그러면 행복할까? 자녀가 점점 자라 사춘기가 다가오면 자기 마음대로 되지 않아 팽팽한 대립의 상태를 경험하는 부모들이 나타나기 시작한다. 솟구치는 분노를 어쩔 줄 몰라 참다가 결국은 그 분노의 감정을 자녀에게 쏟아붓고 만다. 분노 다루기에는 억제와 표출, 두 방법만 존재하는 것은 아닌데 우리는 대부분 이분법적인 사고, 상반된 행동만을 선택한다. 그리고는 자신이 선택한 행동의 결과로 빚어지는 자녀와의 일들을 어떻게 대처해야 할지 그 방법을 찾느라 책으로, 인터넷으로, 상담실로, 병원으로 바쁜 발걸음을 떼어놓는다.

올해 캠프에 참여한 아이들은 작년에 비해 분위기가

조금 달랐지만 내 눈에 들어오는 몇몇 아이들이 있었다.

끊임없이 옆에 있는 친구를 괴롭히던 아이!

힘들어 보이는 다리를 하고도 굴하지 않던 아이!

몸집만 컸지 전혀 단단해 보이거나 건강해 보이지 않던 아이!

왜 자기를 여기(캠프)에 보냈냐며 엄마에게 고래고래 소리치던 아이!

학원만 보내지 않았으면 좋겠다는 아이!

따뜻한 마음을 갖고 있지만, 친구에게 무시당하는 아이!

사소한 의미 없는 말에도 거부당한 설움에 가슴을 들썩이며 울음을 참던 아이!

이루 다 열거할 수 없는 많은, 다양한 성향의 아이 72명이 그곳에 함께 있었다. 처음 만났을 땐, 서먹서먹한 분위기와 자발적으로 캠프에 오지 않았기 때문에 생기는 저항 속에 지도자 선생님들의 온 힘을 기울이는 모습에서 아이들의 마음에 변화의 물결이 출렁이기 시작했다.

좋은 프로그램들, 아이들 숫자와 맞먹는 수의 지도자들. 그들의 배려와 인도로 아이들의 영혼이 깨어나고 있었다.

그러나 그곳 수련장, 둥지는 상처받은 아이들을 품어주는 곳이기보다는 보통 아이들과 동등하게 대하는, 그래서 당황했지만, 또 그래서 여러 행동의 변화를 체험할 수 있는 그런 곳이었다.

어떤 수련장의 시스템이 아이들의 성장에 더 도움이 되는지는 단언하기 어렵다. 그러나 조금 더 보듬어서 자신감을 가질 수 있도록 기다려 주는 것이 이런 아이들에겐 더 도움이 되지 않을까? 태양의 그 강렬한 사랑이 멈추어 주기를 기도할 만큼.

참가한 아이들, 이끄는 지도자와 운영팀들 모두 온 마음을 다하지 않았다면 제대로 끝나지 않았을지도 모른다. 참관한 부모님들, 잘못 끼운 첫 단추의 기억을 안고

우는 어머니, 믿었던 자녀에게 뒤통수를 맞은 충격에서 벗어나려고 애쓰는 어머니, 자신의 의도대로 되지 않는 자녀를 더는 어쩌지 못해 괴로워하는 어머니, 다시 나침반을 찾고 싶어 하는 아버지, 다 말할 수 없을 정도의 상처로 힘들지만 이제 새로운 세계로 닻을 올리는 이들 부모님의 항해에 언제나 함께 하는 잔잔한 바람이고 싶다.

마지막 날 캠프파이어를 하던 그 밤의 달빛은 모두의 가슴에 새겨졌던 상처를 어루만져 치유해주는 것 같았다. 태양의 빛으로 얻은 그 빛을 다시 나누어주는 달빛. 내가 가진 것이 태양처럼 강렬하지 않아도 달빛처럼 누군가의 누추한 모습을 보듬어 감싸 안아 주는 그 포근한 마음을 이 아이들은 원하는지도 모른다.

둥지 밖 세상으로의 힘찬 날갯짓을 위하여 무모하지 않은 이카로스의 날개가 필요할지도 모른다. 그리고 그 후에는 그들의 선택만이 남을 것이다.

에필로그

우리 아이들을 키울 때와는 많이 달라진 세상 그러한 외적인 변화를 초월하여 변하지 않는 것이 있으니 그것은 우리가 모두 인간이라는 점이다. 세월이 아무리 흐르고 바뀌어도 인간을 기르고 가르친다는 점에서는 과거와 현재가 다를 수 없다.

예전에 써놓은 글 중에도 아직까지 살아남아서 이 책에 실려 있는 글들을 보면 모두 자녀 양육에 대한 내용들이다. 내 자녀를 어떻게 대하고 기를 것인가에 대해서는 변치 않는 '국룰'이 있다. 바로 자기 자신을 얼마나 잘 알고 있는가이다. 그것이 안 될 때 욕심과 시기 질투가 내면에서 일어나 많은 대상에게 투사되는데 그 왜곡을 진실이고 실체라고 믿기 때문에 황당한 루머와 억울한 일들이 발생한다. 한 개인의 어두운 내면에서 올라온 생각들을 여과 없이, 객관적인 확인 없이 인터넷에 유포됨으로써 억울한 일을 당해 정신적인 충격을 입고 고통받는 사례들도 비일비재하다.

어린아이들은 부모의 사랑과 통제 그리고 보호 속에서 성장한다. 자녀를 기르다 보면 사소한 일에 언성이 높아지고 화가 나기도 하고 다른 아이들과 내 아이를 비교함으로써 문제가 발생하기도 한다. 그러나 자기 자신을 잘 알고 있다면 즉각적인 반응을 자제할 수도 있을 것이다. 지금 이 글을 쓰는 나도 내 아이들을 키울 땐 장님 코끼리 만지듯 세상을 살았다. 한마디로, 몰랐다. 남들 눈에는 내 아이들이 부러워 보일지 모른다. 명문대학, 선망하는 직업을 가졌다고 잘 키웠다거나 잘 자랐다고는 말할 수 없다. 사람이 살아가는데 공부를 잘하고 좋은 대학에 들어가는 것만이 목표가 되어서는 안 된다는 사실을 세상의 모든 부모와 함께 나누고 싶다.

아이가 좋아하는 일을 하게 하자. 그것조차 모른다는 아이들은 더 많이 놀게 하고 경험하게 하자. 그리고 자신의 땅을 만들어가게 기다려 주자.

며칠 전 한 조간신문(2023.2.18.) 기사에, 초등학원에 '의대반' 'SKY반' '일반반'이라는 타이틀의 기사가 있었다. 한마디로 초등학교 4학년부터 의대 입시를 준비한다는 내용이다. 아이의 적성은 상관없이 부모의 욕심으로 이루어지는 일이란다. 한창 뛰어놀아야 할 초등 4학년이 10년 뒤쯤에 필요한 공부를 미리 하느라 애쓰는 것이 안쓰럽다.

참 불행한 일이다. 그렇게 초등학생 때부터 선행학습

을 시켜서 다음에 의대에 들어간다고 하자, 정말로 그 아이가 신이 나서 즐겁게 의대 공부할 수 있을지 의구심도 든다.

선행학습과 관련해 같은 조간신문(2023.2.25.)에 '퀴즈왕 출신 흙수저 1% 주주 권리로 K팝 지축을 흔들다'라는 타이틀로 나온 SM 엔터 지배구조를 바꾼 얼라인파트너스 이창환 대표의 인터뷰 기사가 인상적이다.

리니지라는 게임을 하면서 공부 잘하는 법을 배웠다. 수준에 맞지 않는 강한 괴물을 처치하려고 하면 잘 죽지도 않고 돈도 많이 든다. 나는 이를 통해 '너무 높은 수준의 학습 과정을 성급하게 따라잡지 말자'라고 생각했다. 선행학습을 열심히 한 친구들이 고등학교에 가서 다른 학생들과 수준이 같아지는 걸 자주 봤다. 선행학습 효과는 몇 년을 못 간다. 그 시간에 좀 더 다양한 경험을 하는 것이 효과적이라고 생각했다.

나와 같은 생각을 하는 이창환 대표의 인터뷰를 소개하는 것이 더 설득력 있을 것 같아 인용해 보았다.

선행학습을 해서 의대에 합격한다 해도, 정작 더 중요한 것은 그 어려운 의대 공부를 해낼 수 있을 것인가이다. 의대에 입학하려고 미리 진(에너지)을 다 뺀 아이가, 의대에 입학해서 공부에 전념할만한 창창한 에너지가 남아있을지 심히 걱정된다.

치대에 입학해서 공부했지만, 적성에 잘 맞지 않는다고 힘들어하는 내 아들 같은 아이들을 미래에 또 보게 될까 봐 염려된다. 따라서 아이의 적성에 맞는, 아이가 좋아하고 잘할 수 있는 일을 찾을 수 있도록 부모는 도와주어야 한다.

이 책으로 인해 분에 넘치는 추천사를 받고 보니 몸 둘 바를 모르겠다. 연세가 드셔도 왕성한 저술 활동과 강연을 하시면서 평생 현역으로 애쓰시는 국민의사 이시형 박사님, 명쾌한 강의로 유명하셨고 지금도 외국대학에서 석좌교수로 계시는 전경수 교수님, 인자하고 넉넉한 성품으로 후학들의 존경을 받으시는 김형태 총장님, 마지막으로 최근 도서를 출간한 〈고도원정신〉을 읽어보면 이 분을 더 잘 알 수 있는 '꿈쟁이' 아침편지문화재단 고도원 이사장님께 머리 숙여 감사드린다.

요즘같이 정신적 심리적으로 문제가 많은 세상에 모

래놀이 치료(Sandplay Therapy)가 큰 역할을 담당해 왔음을 상담센터를 운영하면서 피부로 느낀 바 있다. 이 모래놀이치료를 우리나라에 정착, 보급, 성장시키는 데 헌신과 열정으로 이끌어주신 김보애 안나수녀님(한국모래놀이 상담협회장)께도 깊은 감사의 말을 전하며, 내가 아플 때 많은 도움을 주신 고맹수 선생님, 김교철 원장님, 박은경 원장님, 그리고 알렉산더테크닉 박세관 선생님께도 감사드린다. 이 책의 시발점은 2002년 KBS Korea.net에 글을 쓰게 되면서였다. 자녀교육칼럼을 쓸 수 있도록 문을 열어준 대전 KBS 노영호 전 문화부장님, 출판사와 연결해주신 희망나무 이다경 선생님, 20년 가까이 휴상담연구소를 운영하면서 나를 도와주셨던 우리 선생님들께도 감사드린다.

아울러, 이 글의 자료를 제공해준 나의 세 아이들과 남편에게 감사하며, 특히 많은 글의 소재를 남겨준 아들에게 네가 내 아들로 와 주어서 정말 고맙고 사랑한다는 얘기를 하고 싶다. 존재 자체로도 든든한 내 아들!!! 꼭 힘내기를 바란다.